Capitaine DE SANDT

LA

...NSE DE NANCY

EN 1792

...UMENTS DES ARCHIVES NANCÉIENNES

NANCY

IMPRIMERIE LOUIS-BERTRAND, RUE SAINT-GEORGES, 51

1910

LA DÉFENSE DE NANCY

EN 1792

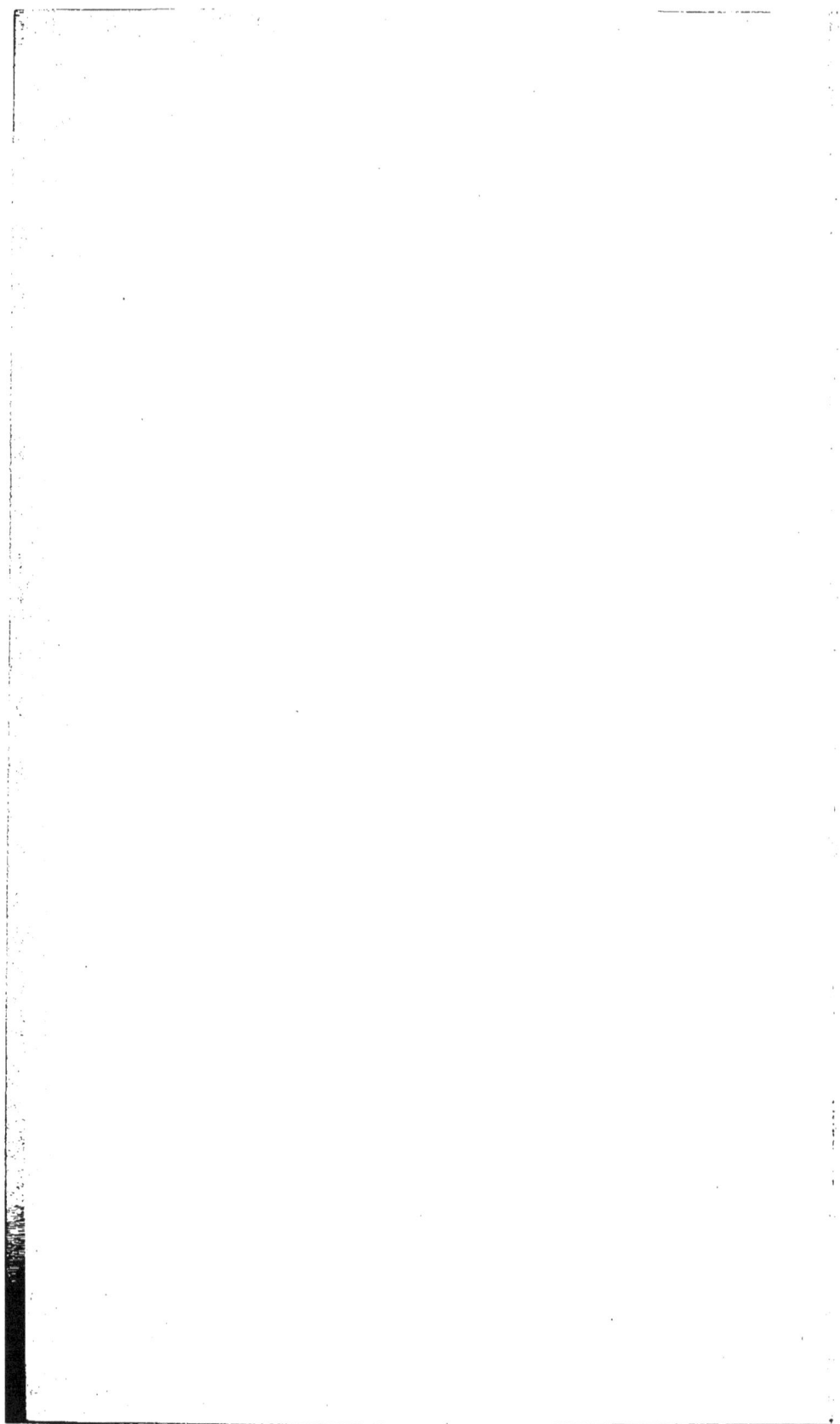

AVANT-PROPOS

Gaston Boissier disait : « L'étude des documents est une préparation à l'histoire, mais elle n'est pas l'histoire même ». Nous étant borné à recueillir et classer des pièces d'archives, nous n'avons pas la prétention d'avoir fait œuvre d'historien et nous reconnaissons, en toute humilité, qu'il y a, entre un historien et nous, la même différence qu'entre un architecte et un entrepreneur. Néanmoins, nous publions ces documents pouvant servir à un chapitre de l'histoire de Nancy, comme le commandant Picard, directeur de la Section Historique de l'Etat-Major de l'armée, a publié, dans la Revue de Paris, *la correspondance de Dumouriez et de Servan, avant d'écrire la* Manœuvre de Valmy. *D'ailleurs, nous pensons que quel que soit le génie d'un historien, il lui sera impossible d'écrire quelque chose de plus vivant que certains récits contemporains comme, par exemple, la « Proclamation de la Déclaration de Guerre », rapportée dans notre premier chapitre. Aussi, nous regrettons bien moins l'abondance des reproductions, que l'absence de quelques pièces probantes. Nous aurions voulu que nos documents fussent assez nombreux et assez explicites, pour nous permettre de toujours conserver le rôle du copiste. Nous n'avons eu qu'une ambition : présenter au lecteur des sources authentiques et convenablement contrôlées.*

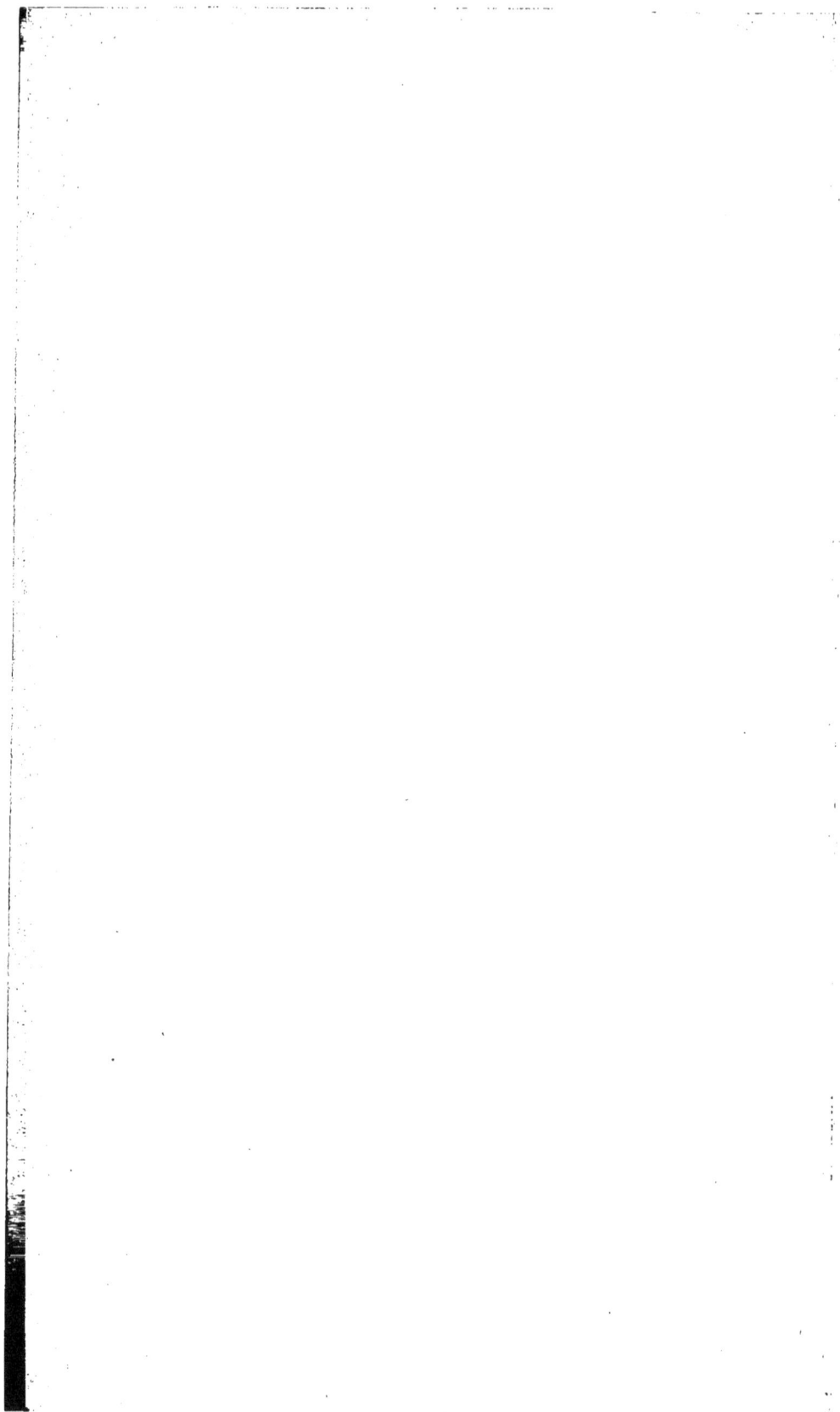

Capitaine de SANDT

LA

DÉFENSE DE NANCY

EN 1792

DOCUMENTS DES ARCHIVES NANCÉIENNES

NANCY

IMPRIMERIE LOUIS BERTRAND, RUE SAINT-GEORGES, 51

1910

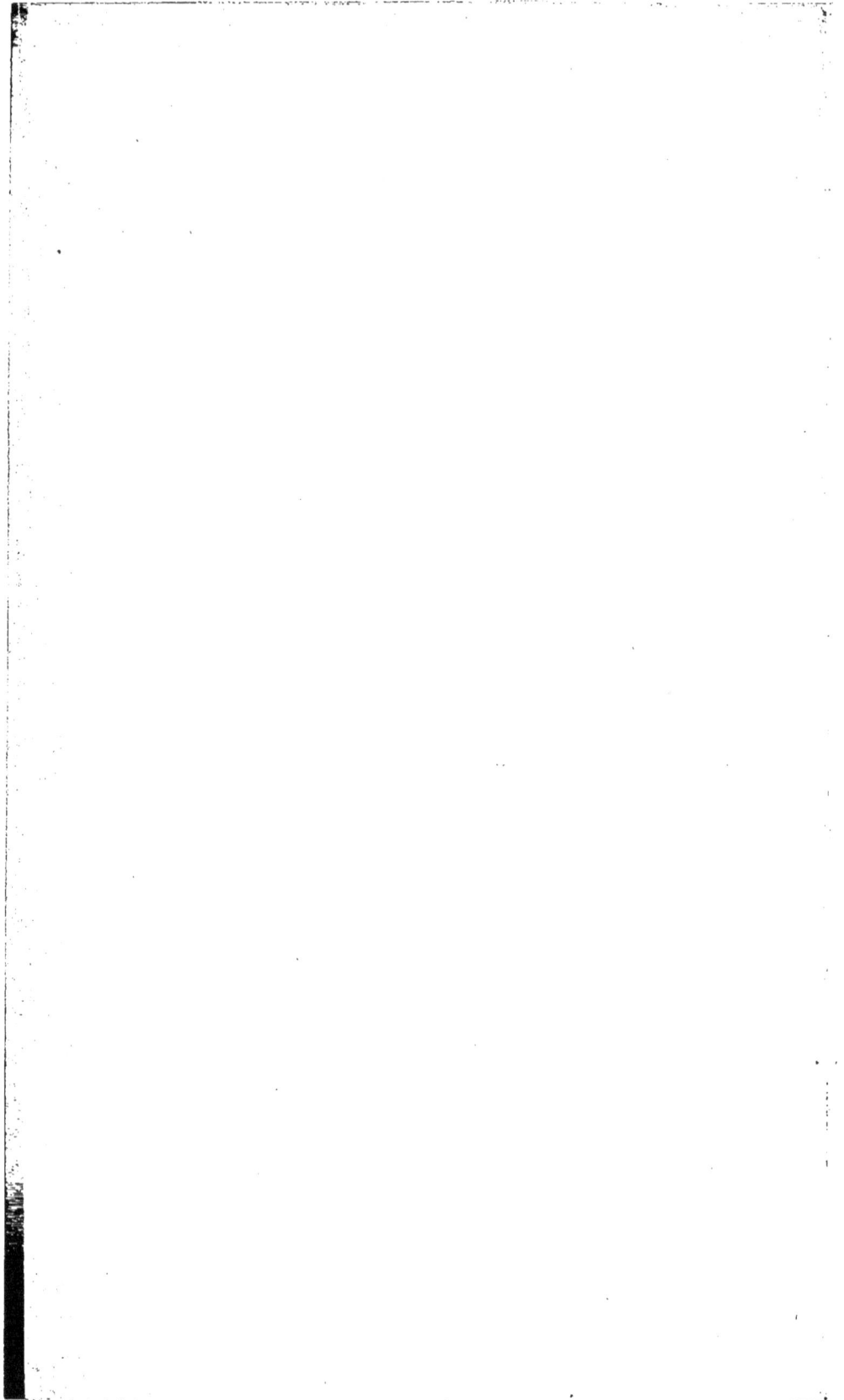

LA DÉFENSE DE NANCY

EN 1792

I

LA DÉCLARATION DE GUERRE

Loi portant Déclaration de Guerre. — Déclaration de l'Assemblée Natio-
nale au sujet de la guerre. — Délibération du Conseil de Nancy. —
Proclamation du Conseil de Nancy — Lettre à M. Le Veneur. -
Réponse de M. Le Veneur. — Procès-verbal de la Déclaration de guerre.
— Adresse de Nancy à l'Assemblée Nationale. — Adresse de Nancy au
Roi. — [L. 3521] (1).

Les causes de la guerre de 1792 sont clairement expo-
sées dans les deux documents : la Loi du 20 avril 1792 et
la Déclaration de l'Assemblée Nationale du même jour.

LOI du 20 Avril 1792

PORTANT DÉCLARATION DE GUERRE AU ROI DE HONGRIE ET DE BOHÈME.

Décret du 20 avril 1792.

L'Assemblée Nationale, délibérant sur la proposition formelle du Roi, considérant que la Cour de Vienne, au mépris
des traités, n'a cessé d'accorder une protection ouverte aux
Français rebelles ; qu'elle a provoqué et formé un concert,

---

(1) Pour tous les documents provenant des Archives départementales de
Nancy, Période révolutionnaire, série L, nous indiquons simplement les
numéros des articles.

avec plusieurs puissances de l'Europe, contre l'indépendance
et la sûreté de la Nation française ; que François 1er, roi de
Hongrie et de Bohème, a, par ses notes des 18 mars et 7 avril
dernier, refusé de renoncer à ce concert ; que, malgré la
proposition qui lui a été faite par la note du 11 mars 1792,
de réduire de part et d'autre, à l'état de paix, les troupes sur
les frontières, il a continué et augmenté des préparatifs hos-
tiles ; qu'il a formellement attenté à la souveraineté de la
Nation française, en déclarant vouloir soutenir les préten-
tions de Princes allemands possessionnés en France, auxquels la Nation française n'a cessé d'offrir des indemnités ;
qu'il a cherché à diviser les citoyens français et à les armer
les uns contre les autres, en offrant aux mécontents un appui
dans le concert des Puissances ; considérant enfin que le
refus de répondre aux dernières dépêches du Roi des Français ne laisse plus d'espoir d'obtenir par la voie d'une négo-
ciation amicale, le redressement de ces différents griefs et
équivaut à une déclaration de guerre ;

Décrète qu'il y a urgence.

L'Assemblée Nationale déclare que la Nation française,
fidèle aux principes consacrés par sa Constitution, de n'entreprendre aucune guerre dans la vue de faire des conquêtes
et de n'employer jamais ses forces contre la liberté d'aucun
Peuple, ne prend les armes que pour le maintien de sa
liberté et de son indépendance ;

Que la guerre qu'elle est forcée de soutenir n'est point une
guerre de nation à nation, mais la juste défense d'un peuple
libre contre l'injuste agression d'un roi ;

Que les Français ne confondront jamais leurs frères avec
leurs véritables ennemis ; qu'ils ne négligeront rien pour
adoucir le fléau de la guerre, pour ménager et conserver les
propriétés, pour faire retomber sur ceux-là seuls qui se ligue-
ront contre sa liberté, tous les malheurs inséparables de la
guerre ;

Qu'elle adopte d'avance tous les étrangers qui, abjurant
la cause de ses ennemis, viendront se ranger sous ses dra-
peaux et consacrer leurs efforts à la défense de sa liberté ;
qu'elle favorisera même, par tous les moyens qui sont en
son pouvoir, leur établissement en France.

Délibérant sur la proposition formelle du Roi, et après
avoir décrété l'urgence, décrète la guerre contre le Roi de
Hongrie et de Bohème.

Mandons et ordonnons, etc.

ACTE DU CORPS LÉGISLATIF du 20 Avril 1792

NON SUJET A LA SANCTION DU ROI

Décrets des 29 décembre 1791 et 14 avril 1792.

L'Assemblée Nationale, après avoir entendu la lecture d'un projet de déclaration solennelle de la Nation française, qui lui a été présenté par l'un de ses membres ; considérant qu'elle ne saurait trop tôt manifester les sentiments qu'elle exprime, décrète qu'il y a urgence.

L'Assemblée Nationale, après avoir déclaré qu'il y a urgence, décrète ce qui suit :

DÉCLARATION

DE L'ASSEMBLÉE NATIONALE.

A l'instant où, pour la première fois depuis le jour de sa liberté, le Peuple français peut se voir réduit à la nécessité d'exercer le droit terrible de la guerre, ses Représentants doivent à l'Europe, à l'humanité entière, le compte des motifs qui ont déterminé les résolutions de la France, l'exposition des principes qui dirigeront sa conduite.

« La Nation française renonce à entreprendre aucune guerre dans la vue de faire des conquêtes, et n'emploiera jamais ses forces contre la liberté d'aucun Peuple », tel est le texte de la Constitution, tel est le vœu sacré par lequel nous avons lié notre bonheur au bonheur de tous les peuples; et nous y serons fidèles.

Mais qui pourrait regarder encore comme un territoire ami, celui où il existe une armée qui n'attend, pour attaquer, que l'espérance du succès ? Et n'est-ce donc pas nous avoir déclaré la guerre que de prêter volontairement ses places, non seulement à des ennemis qui nous l'ont déclarée, mais à des conspirateurs qui l'ont commencée depuis longtemps ? Tout impose donc aux pouvoirs établis par la Constitution, pour le maintien de la paix et de la sûreté, la loi impérieuse d'employer la force contre les rebelles qui, du sein d'une terre étrangère, menacent de déchirer leur patrie.

Les droits des nations offensées, la dignité du Peuple français outragée ; l'abus criminel du nom du Roi, que des imposteurs font servir de voile à leurs projets désastreux ; la défiance que ces bruits sinistres entretiennent dans toutes les

parties de l'empire ; les obstacles que cette défiance oppose
à l'exécution des lois et aux rétablissements du crédit ; les
moyens de corruption employés pour égarer, pour séduire les
citoyens ; les inquiétudes qui agitent les habitants des frontières ; les maux auxquels les tentatives les plus vaines, les
plus promptement repoussées pourraient les exposer ; les
outrages toujours impunis qu'ils ont éprouvés sur des terres
où les Français révoltés trouvent un asile ; la nécessité de ne
pas laisser aux rebelles le temps d'achever leurs préparatifs
et de susciter à leur patrie des ennemis plus dangereux ; tels
sont nos motifs ; jamais il n'en a existé de plus justes, de
plus pressants, et dans le tableau que nous vous en présen-
tons ici, nous avons plutôt atténué qu'exagéré nos injures ;
nous n'avons pas besoin de soulever l'indignation des citoyens
pour enflammer leur courage.

Cependant, la Nation française ne cessera pas de voir un
Peuple ami dans les habitants des pays occupés par les rebelles et gouvernés par des princes qui les protègent. Les citoyens paisibles dont ses armées occuperont le pays, ne seront
point des ennemis pour elle ; ils ne seront pas même ses
sujets. La force publique, dont elle deviendra momentané-
ment dépositaire, ne sera employée que pour assurer leur
tranquillité et maintenir leurs lois. Fière d'avoir reconquis
les droits de la nature, elle ne les outragera point dans les
autres hommes. Jalouse de son indépendance, résolue à s'en-
sevelir sous ses ruines plutôt que de souffrir qu'on osât ou
lui dicter des lois, ou même garantir les siennes, elle ne portera point atteinte à l'indépendance des autres nations. Ses
soldats se conduiront sur un territoire étranger comme ils se
conduiraient sur le territoire français, s'ils étaient forcés d'y
combattre ; les maux involontaires que ses troupes auraient
fait éprouver aux citoyens seront réparés.

L'asile qu'elle ouvre aux étrangers ne sera point fermé aux
habitants des pays dont les princes l'auront forcée à les attaquer, et ils trouveront dans son sein un refuge assuré. Fidèle
aux engagements pris en son nom, elle se hâtera de les remplir avec une généreuse exactitude ; mais aucun danger ne
pourra lui faire oublier que le sol de la France appartient
tout entier à la liberté, et que la loi de l'égalité y doit être
universelle. Elle présentera au monde le spectacle nouveau
d'une nation vraiment libre, soumise aux règles de la justice,
au milieu des orages de la guerre, et respectant partout, en

tous temps, à l'égard de tous les hommes, les droits qui sont les mêmes pour tous.

La paix que le mensonge, l'intrigue et la trahison ont éloignée, ne cessera point d'être le premier de nos vœux. La France prendra les armes pour sa sûreté, pour la tranquillité intérieure, mais on la verra les déposer avec joie le jour où elle sera sûre de n'avoir plus à craindre pour cette liberté, pour cette égalité, devenues le seul élément où des Français puissent vivre. Elle ne redoute point la guerre, mais elle aime la paix ; elle sent qu'elle en a besoin, et elle a trop la conscience de ses forces pour craindre de l'avouer.

Lorsqu'en demandant aux nations de respecter son repos, elle a pris l'engagement éternel de ne jamais troubler le leur, peut-être cette déclaration solennelle, ce gage de la tranquillité et du bonheur des peuples voisins, devait-il lui mériter l'affection des princes qui les gouvernent ; mais ceux de ces princes qui ont pu craindre que la Nation française ne cherchât à produire dans les autres pays des agitations intérieures, apprendront que le droit cruel des représailles, justifié par l'usage, condamné par la nature, ne la fera point recourir à ces moyens employés contre son repos ; qu'elle sera juste envers ceux mêmes qui ne l'ont pas été pour elle ; que partout elle respectera la paix comme la liberté, et que les hommes qui croient pouvoir se dire encore les maîtres des autres hommes, n'auront à craindre d'elle que l'autorité de son exemple.

La Nation française est libre, et, ce qui est plus que d'être libre, elle a le sentiment de sa liberté. Elle est libre, elle est armée, elle ne peut être asservie. En vain compterait-on sur ses discordes intestines, elle a passé le moment dangereux de la réformation de ses lois politiques et, trop sage pour devancer la leçon du temps, elle ne veut que maintenir la Constitution et la défendre. Cette division entre deux pouvoirs émanés de la même force, dirigés vers le même but, ce dernier espoir de nos ennemis, s'est évanoui à la voix de la Patrie en danger, et le Roi, par la solennité de ses démarches, par la franchise de ses mesures, montre à l'Europe la Nation française forte de tous ses moyens de défense et de prospérité. Résignée aux maux que les ennemis du genre humain réunis contre elle peuvent lui faire souffrir, elle en triomphera par sa patience et son courage. Victorieuse, elle ne voudra ni réparation, ni vengeance.

Tels sont les sentiments d'un peuple généreux dont ses représentants s'honorent d'être ici les interprètes. Tels sont les projets de la nouvelle politique qu'il adopte. Repousser la force, résister à l'oppression, tout oublier lorsqu'il n'aura plus rien à redouter, et ne plus voir que des frères dans ses adversaires vaincus, réconciliés ou désarmés ; voilà ce que veulent tous les Français et voilà quelle est la guerre qu'ils déclareront à leurs ennemis.

L'Assemblée Nationale, après avoir entendu la lecture du projet de déclaration solennelle de la Nation française, qui lui a été présenté par un de ses membres, décrète qu'elle adopte ladite déclaration : ordonne qu'elle sera insérée dans son procès-verbal, qu'elle sera imprimée et distribuée, qu'elle sera portée au Roi par une députation de vingt-quatre membres, qu'elle sera envoyée aux quatre-vingt-trois départements du royaume, à tous les régiments des troupes de ligne et à tous les bataillons de gardes nationales volontaires.

Mandons et ordonnons, etc.

Il appartenait à la vaillante population nancéienne de réserver, à la Déclaration de Guerre, un accueil enthousiaste. Les détails de cette manifestation patriotique ont été conservés dans un opuscule imprimé par ordre du Conseil général de la commune de Nancy :

« La première nouvelle de la Déclaration de Guerre a été apportée, à Nancy, par un courrier envoyé, dans la nuit du 22 au 23, par le général La Fayette à M. Le Veneur, maréchal de camp, employé dans la Division (1); cet officier a communiqué sur-le-champ ces dépêches au Corps municipal.

« Les papiers publics et les lettres particulières arrivés le 23, à midi, ont confirmé cette nouvelle, et un courrier extraordinaire qui a passé, à Nancy, quelques heures après, y a laissé un exemplaire de la Loi.

Le Corps municipal s'est empressé de la faire connaître à tous les citoyens, persuadé que le langage noble et simple de cette déclaration, ferait sur tous les esprits l'impression la plus utile à la chose publique.

« Le lendemain 24, le Conseil général de la commune a été convoqué, et il a été unanimement résolu que la

---

(1) Quatrième Division militaire.

proclamation de la Loi se ferait le 25, avec la plus grande solennité, en présence de tous les citoyens ; le commandant de la garde nationale a été invité, et non requis, d'y faire trouver les huit bataillons.

« Tous les membres du Conseil général ont arrêté de renouveler entre les mains de la Commune, le serment de vivre libres ou de mourir et de remplir avec courage les fonctions qui leur sont confiées.

« M. Le Veneur, maréchal de camp, instruit de ce projet, a proposé au Corps municipal de joindre les troupes de ligne aux gardes nationales et de profiter de cette occasion pour resserrer les liens qui les unissent. Cette proposition a été accueillie avec empressement.

« M. Chazot, autre maréchal de camp, arrivé dans la soirée du 24, a témoigné à l'instant même, le désir de partager (sic) cette réunion.

« Le Conseil général de la commune a ordonné la publication des diverses pièces relatives à cette Proclamation ; le procès-verbal en fait partie ; il est un récit très exact des faits ; mais il a été impossible d'y peindre l'enthousiasme universel, l'allégresse qui semblait animer tous les cœurs. Ah ! ce n'est pas avec cette joie que des peuples esclaves apprennent que leurs maîtres ont déclaré la guerre ! Des hommes qui marchent ainsi au combat sont invincibles. »

PROCLAMATION

DU CONSEIL GÉNÉRAL DE LA COMMUNE DE NANCY.

du 24 avril 1792, l'an 4 de la Liberté.

CITOYENS,

La guerre est déclarée ; le moment est arrivé où tous les amis de la liberté et de l'égalité doivent s'unir plus étroitement que jamais et, par des efforts communs, tromper l'espérance des ennemis de la patrie.

Le Conseil Général de la Commune, persuadé que c'est aux magistrats du peuple à donner l'exemple du patriotisme et du dévouement à la chose publique, a arrêté de renouveler, en présence de toute la Commune, l'engagement solennel qu'il a déjà contracté, de remplir avec zèle et courage les fonctions qui lui ont été confiées. Il veut que tous les citoyens entendent et reçoivent le serment qu'il va prêter de rester fidèlement à son poste, de faire exécuter les lois, de maintenir l'ordre et la tranquillité publique, de faire respecter les propriétés et de suivre sans relâche le recouvrement des contributions.

Citoyens, c'est au milieu de ces nobles fonctions que vos magistrats attendent vos ennemis ; c'est avec le calme qui convient à des hommes libres et forts, que nous écoutons leurs audacieuses menaces. Pleins de confiance dans votre patriotisme et dans votre courage, vos magistrats jurent, en votre nom, que la Constitution ne souffrira jamais d'atteinte, et que nous périrons tous plutôt que d'écouter le mot honteux de composition.

Alexis-Paul-Michel Le Veneur, maréchal de camp employé dans la Division, instruit du projet du Conseil Général, lui a témoigné le désir de réunir aux gardes nationales les troupes de ligne, pour assister à cette fête civique ; car, pour un peuple libre, c'est une fête de combattre les ennemis de la liberté. Le Conseil Général a accueilli avec empressement une proposition qui tend à resserrer l'union qui doit régner entre toutes les parties de la force publique. Tous les bons citoyens se verront, avec joie, placés près des braves défenseurs de la Patrie ; ils vont marcher pour combattre les ennemis du dehors, nous resterons pour garder nos foyers et pour contenir les ennemis du dedans ; nous avons tous le même intérêt ; pouvons-nous donc trop cimenter notre union ?

Les bons citoyens sont invités à se trouver demain 25 avril, à quatre heures du soir, sur la place de la Liberté, pour prendre connaissance de la loi du 20, portant déclaration de guerre contre le roi de Hongrie et de Bohême, et pour recevoir le serment que renouvelleront tous les Membres du Conseil Général, d'être fidèles à la Nation, à la Loi et au Roi, de maintenir la Constitution et de combattre avec courage les ennemis de la liberté et de l'égalité.

Fait au Conseil général de la Commune, le 24 avril 1792, l'an 4 de la Liberté Française ; présents : Ad. Duquesnoy. maire ; Raybois, Villiez, Demange, Rolin, Beaulieu, Gérardin, Othenin, Gormand et Nicolaï, officiers municipaux : Anthoinet, procureur de la commune ; Ragot, Zangiacomi père, Saulnier, Bouzonviller, Néret, Richier, Henry, Mourquin, André, Rolin, Morin, Pierson, Dumast, Nicolas, Henrion, Lafitte et Croizier, notables.

Signé : Ad. DUQUESNOY, maire.
Par le Conseil :
NOZAN, secrétaire-greffier.

LETTRE

ÉCRITE PAR LES OFFICIERS MUNICIPAUX DE NANCY A M. LE VENEUR. MARÉCHAL DE CAMP.

le 24 avril 1792, l'an 4e de la Liberté française.

Nous avons l'honneur de vous informer que demain, à quatre heures du soir, nous réunissons tous nos concitoyens pour qu'ils soient témoins de l'engagement que nous voulons renouveler, de rester fidèles à notre poste, pour y défendre la Constitution. Si la guerre augmente nos dangers, elle doit augmenter notre courage, et c'est à nous de donner l'exemple. La garde nationale sera assemblée pour cette fête civique, car la déclaration d'un peuple libre contre un despote est un jour de fête.

Nous nous empressons, Monsieur, de vous instruire de cette résolution et de vous dire que nous sommes bien touchés du désir que vous nous avez témoigné de réunir les Troupes de ligne à la Garde Nationale. Nous acceptons cette offre avec satisfaction ; tout ce qui peut resserrer les liens qui unissent les défenseurs de la patrie, est bien dans notre vœu. Nous avons, Monsieur, reconnu dans votre proposition le civisme qui doit guider tous les soldats de la liberté ; animés de ces nobles sentiments, vous vous couvrirez de gloire ; nous vous verrons avec regret sortir de nos murs, mais nous vous serrerons la main en hommes libres, quand vous nous quitterez pour aller combattre, nous servirons chacun à notre poste, et nous vous promettons zèle et courage.

Redites bien au général (1) que nulle part il ne trouvera de plus zélés défenseurs de la Constitution ni des hommes plus remplis de confiance dans sa loyauté et son patriotisme.

Les Maire et Officiers Municipaux de Nancy.

Signé : Ad. DUQUESNOY, *maire.*

Par le Conseil :

Signé : NOZAN.

Réponse de M. Le Veneur

du 25 avril 1792, l'an 4 de la Liberté française.

Oui, Messieurs, n'en doutez pas, j'irai me joindre à vous, et, avec moi, tous vos frères d'armes des troupes de ligne : j'irai jurer avec vous de défendre, jusqu'au triomphe, la Constitution que nous nous sommes donnée, et que, sans droit et sans justice, des étrangers unis avec des frères égarés veulent attaquer. Mes sentiments sont dignes de fraterniser avec les vôtres, adorateur de la liberté et de l'égalité, même avant qu'elle (*sic*) eut un temple et des autels, je la prêchais alors comme le dieu inconnu ; comment pourrai-je abandonner son char, lorsqu'elle est prête à triompher ? Encore un pas et elle est la reine du monde. Nos ennemis veulent en vain lever imprudemment la tête contre elle ; ils feront de vains efforts si nous nous réunissons tous de cœur et d'esprit pour la défendre. Puisse ce beau mouvement dont vous avez conçu la pensée, devenir général ; il sera le gage assuré de nos succès. Nos ennemis n'étaient forts que

---

(1) Au général La Fayette.

de nos dissensions civiles ; réunissons-nous et nous serons invincibles.

Les troupes de ligne se rendront, aujourd'hui à quatre heures, sur la place de la Liberté, pour se joindre aux citoyens, comme vous le désirez, et montrer à nos ennemis du dedans et du dehors, le tableau de l'imposante réunion qui doit déconcerter tous leurs projets.

Le Maréchal de camp commandant les troupes de ligne à Nancy,

Signé : LE VENEUR.

___

PROCÈS-VERBAL

DE LA PROCLAMATION DE LA DÉCLARATION DE GUERRE CONTRE LE ROI DE HONGRIE ET DE BOHÈME

Cejourd'hui, vingt-cinq avril mil sept cent quatre-vingt douze, l'an quatrième de la Liberté française, à trois heures après-midi, le Conseil général de la **commune** de Nancy, conformément à sa délibération du jour d'hier, s'est assemblé dans la salle ordinaire de ses séances, où se sont rendus Alexis-Paul-Michel Le Veneur, maréchal de camp employé dans la quatrième Division, et Charles-François-René Chazot, maréchal de camp inspecteur de la cavalerie de la même division, l'un et l'autre accompagné de Clinchamp et Dulac, leurs aides de camp, des commissaires des guerres et autres officiers à la suite de la Place, pour renouveler, avec le Conseil général, le serment de périr plutôt que de souffrir qu'il soit porté atteinte à la Constitution.

Le Maire a donné connaissance des lettres écrites par les Directoires de Département et de District, qui joignent leurs sentiments à ceux du Conseil général et contractent les mêmes engagements.

A quatre heures, le Conseil général, les officiers généraux et autres officiers sont descendus sur la place du Peuple (1) et sont allés, de là, sur celle de la Liberté (2),

___

(1) Place Stanislas.
(2) Place Carnot.

où ils ont trouvé la compagnie des vieillards, les huit bataillons de la garde nationale, celui des jeunes citoyens, le 34ᵉ régiment d'infanterie, le 7ᵉ régiment de dragons et la gendarmerie nationale, rangés en bataille sur la place, où ils formaient un carré long.

Les officiers généraux se sont alors séparés du Conseil général, pour donner lecture, aux Troupes de ligne, de la loi portant déclaration de guerre au roi de Hongrie et de Bohême ; savoir : Alexis-Paul Michel Le Veneur, au 34ᵉ régiment d'infanterie, et Charles-François-René Chazot, au 7ᵉ régiment de dragons.

Après cette lecture, Alexis-Paul-Michel Le Veneur a dit :

« Braves Troupes de ligne, réunies aux Gardes Natio-
« nales par les liens communs du patriotisme et de la
« fraternité, nous jurons ici, devant vous et devant eux,
« de maintenir et de défendre la Constitution contre les
« attaques de tous les ennemis, et de souffrir plutôt la
« mort que la honte. Nous renouvellons ici tous nos
« serments ; renouvellons-les tous ensemble, et qu'on ne
« voie ici que des défenseurs zélés de la Patrie et de la
« Loi ».

Alors, par un mouvement spontané, toutes les Troupes de ligne ont prononcé le même serment, et, par des cris de : « Vive la Nation ! Vive le Roi ! Vive la Guerre ! (1) » ils n'ont laissé aucun doute sur leur courage pour la défense de la Patrie et le maintien de la Constitution, et sur leur désir d'apprendre aux ennemis combien des hommes libres sont forts et braves.

---

(1) Cette expression singulière peint l'enthousiasme avec lequel les soldats marchent au combat. Le 34ᵉ régiment d'infanterie est parti le 27, répétant des cris d'allégresse et emportant une pique surmontée du bonnet de la Liberté, que les citoyens ont remise au commandant du corps : il a promis de la planter à la tête du régiment. Ces braves soldats disaient que, dans d'autres temps, ils auraient quitté Nancy avec regret, mais que devant marcher à l'ennemi, ils marchaient avec joie. Les officiers excitaient, avec ardeur, ces nobles sentiments parce qu'ils les éprouvent : ils ont les premiers renouvelé le serment de vivre libres ou mourir, et se sont livrés à tout l'enthousiasme qu'inspiraient aux bons citoyens la fête civique qu'ils avaient désirée.

Ce serment prêté, Joseph Duverger (1) premier lieutenant-colonel du 7ᵉ régiment de dragons, adressant la
parole à son Corps, a dit :

« S'il est parmi vous un officier ou un dragon assez
« j... f... pour fausser son serment, il peut sortir des
« rangs ; je recevrai la démission du premier, et la car-
« touche (*le congé*) de l'autre est dans ma poche, prête à
« lui être délivrée avec six francs pour boire ».

Alors, tous les officiers et dragons se sont écrié : « Vous
n'en trouverez point, vous n'en trouverez point ! »

Pendant que les généraux prêtaient le serment à la
tête de leur régiment et que les officiers, les dragons, les
soldats, les gendarmes nationaux suivaient cet exemple,
le Conseil général de la Commune proclamait la déclaration de guerre devant la Compagnie des Vieillards (2) et
les huit bataillons formant la Légion des gardes nationales.

---

(1) M. Duverger a 84 ans ; il a été fait capitaine au siège de Berg-op-
Zoom. Il est resté 48 ans dans ce grade ; car dans l'ancien régime, des
enfants échappés du collège devenaient colonels et c'était un grand effort
de faire capitaine un militaire qui n'avait d'autre recommandation que
son courage. M. Duverger a tout le feu et toute l'ardeur de la jeunesse la
plus brave. Le Conseil général, en publiant sa harangue militaire, rend
un juste hommage au mérite de cet officier patriote.

(2) La formation des compagnies de vieillards est une des institutions
les plus respectables de notre gouvernement ; le Conseil général a saisi
toutes les occasions de l'honorer. Il n'a jamais parlé que debout et
découvert aux vieillards assis et couverts ; il a lu la loi à cette compagnie
avant d'aller au premier bataillon.
Il est impossible de peindre l'attendrissement de ces vénérables
citoyens, ni de rendre l'impression qu'a faite, sur les hommes sensibles,
les larmes dont étaient mouillés les yeux de plusieurs d'entre eux.
L'aimable et naïf enthousiasme des jeunes citoyens n'offrait pas un
spectacle moins touchant ; leurs jeunes cœurs sont déjà dignes d'aimer
la liberté. En les formant à la discipline militaire, on les prépare à
servir leur pays. On ne peut trop leur redire que le régime de la liberté
est dur et sévère, qu'il exige des vertus, et que sans travail, il n'est
point de vertus. On ne peut trop éloigner d'eux l'oisiveté corruptrice
des mœurs et destructive de la liberté, car celui-là est esclave qui ne
doit pas son existence à lui-même. Le Conseil général donne tous ses
soins à l'instruction si utile du bataillon des jeunes citoyens. Puissent-
ils ne pas tromper l'espérance que la Patrie a placée en eux.

Après cette proclamation, le Maire a dit :

« CITOYENS,

« Vous venez d'entendre la lecture de la déclaration de
« guerre, vous y avez reconnu le langage d'un peuple
« libre et fier, qui venge ses droits et son honneur.

« La guerre inspire un juste effroi, quand des despotes
« traînent à leur suite des esclaves pour asservir les na-
« tions. Un peuple libre ne connaît pas cette crainte ; il
« se repose avec confiance sur la justice de sa cause et la
« force de ses armes.

« Nos braves frères des Troupes de ligne vont partir
« pour la frontière, ils vont combattre des ennemis du
« dehors ; nous, nous garderons nos foyers, nous contien-
« drons les ennemis du dedans.

« Citoyens, redoublons de courage et de zèle ; les Ma-
« gistrats que vous avez honorés de votre confiance vous
« le promettent : les lois seront exécutées, la paix inté-
« rieure ne sera pas troublée, les contributions se paie-
« ront, parce que sans cela, il n'est point de salut pour
« la patrie.

« Citoyens, quels que soient les efforts de nos ennemis,
« nous resterons libres ; il n'est plus, pour un Français,
« de paix sans liberté, sans égalité. Recevez le serment
« que nous faisons entre vos mains, de périr plutôt que
« d'entendre à aucune composition ; placés plus près du
« théâtre de la guerre, nous opposerons à nos ennemis
« une résistance plus courageuse ; nous servirons, s'il
« le faut, de boulevards à toute la France.

« Citoyens, la Nation vous a armés pour sa défense ;
« ce sont vos plus chers intérêts que vous avez à garder,
« la Liberté, l'Egalité, la Propriété, ce qui seul attache
« les hommes au sol qui les a vu naître ; vous avez à
« défendre vos femmes, vos enfants. Citoyens, nous ju-
« rons tous d'être fidèles à la Nation, à la Loi, au Roi, de
« maintenir de tout notre pouvoir la Constitution du
« Royaume, décrétée par l'Assemblée Nationale Consti-
« tuante aux années 1789, 1790 et 1791, et de mourir plu-
« tôt que de souffrir qu'il y soit porté atteinte. »

Les gardes nationales ont justifié la confiance qu'inspirent leur patriotisme et leur bravoure ; ils (*sic*) ont tous juré de contenir les ennemis du dedans, de combattre, s'il le faut, ceux du dehors, pour conserver la liberté, et de mourir plutôt que de la perdre.

Une foule immense de citoyens des deux sexes a joint ses acclamations à celles des Gardes Nationales et des Troupes de ligne, tous ont montré le même intérêt pour la conservation de l'égalité.

Le Procureur général, syndic du Département, voulant que tous les gardes aient une parfaite connaissance de la déclaration de guerre, en a fait distribuer un exemplaire à chaque capitaine de la Garde, qui en a aussitôt donné lecture à sa compagnie ; les gardes nationales ont réitéré les cris de : Vive la Nation ! vive le Roi ! vive la Liberté !

Le Conseil général s'est ensuite porté devant les bataillons et escadrons des Troupes de ligne ; le Maire, prenant la parole, a dit :

« Soldats de la Patrie,

« Vous allez combattre les ennemis de la Constitution
« sous les enseignes de la liberté et de l'égalité ; vous allez
« repousser les injustes agressions des despotes ; marchez
« avec courage, la victoire vous attend, nos vœux vous
« suivront. Et nous aussi, nous sommes soldats ; pendant
« que vous combattrez les ennemis du dehors, nous con-
« tiendrons les ennemis du dedans. Allez et revenez
« triomphants ; à votre retour, nous vous couvrirons de
« lauriers, nous vous serrerons contre nos cœurs ; nous
« vous présenterons à nos enfants ; nous leur dirons :
« Voilà ceux qui ont combattu pour votre liberé ; voilà
« ceux à qui vous devez ce que les hommes ont de plus
« cher au monde ; ils vous béniront et se rendront dignes
« de suivre vos exemples.

« Voilà vos frères d'armes les gardes nationales ; comme
« vous ils viennent de jurer de rester libres jusqu'à la
« mort. Braves soldats, nous sommes tous dévoués à la
« même cause ; nos fortunes, nos vies, tout est au service

« de la Patrie ; si nous vous sommes nécessaires, appelez-
« nous, nous volerons à votre aide.

« Soldats de la liberté, de l'égalité, de la Constitution,
« jurons-nous une fraternité à jamais inaltérable ; soyons
« amis, soyons-le jusqu'à la mort ; nos ennemis sont les
« mêmes, combattons-les ensemble.

« Braves soldats, vive la Nation ! vive le Roi ! vive la
« Liberté ! »

Les généraux, les officiers, les soldats ont renouvelé,
avec transport, leurs acclamations et leurs serments ; les
membres du Conseil général et les militaires se sont
donné, à l'instant même, les témoignages les plus tou-
chants de fraternité.

Pendant cette fête civique, on a fait plusieurs salves
d'artillerie dont le bruit était couvert par les acclamations
réitérées de : « Vive la Liberté et la mort plutôt que
l'esclavage ! » (1).

Après la proclamation, le Conseil général, les officiers
généraux, les Commissaires des Guerres et autres officiers
sont retournés sur la place du Peuple où les Gardes
Nationales et les Troupes de ligne ont défilé devant eux.

Au moment du défilé, les Troupes de ligne criaient :
« Vive la Garde Nationale de Nancy ! » ; la Garde Natio-
nale : « Vivent les Troupes de ligne ! » et, tous ensemble :
« Vive la Nation ! vive le Roi ! vive la Liberté ! »

Avant de se séparer, le Conseil général de la Commune,
les officiers généraux, les citoyens et les soldats se sont
donnés mutuellement des marques d'estime, d'attache-
ment et de confiance.

Le Conseil, rentré dans la salle de ses séances, a arrêté
que le présent procès-verbal sera imprimé avec toutes les
pièces relatives à cette proclamation.

Fait, clos et arrêté les jour et an avant dit, à sept heures
du soir. Signé à l'original : Ad. Duquesnoy, maire ; Jo-
bar, Raybois, Villiez, Demange, Poirson, Albert, Rolin,
Beaulieu, Gérardin, Othenin, Nicolaï, Gormand, officiers

---

(1) Il n'est pas nécessaire de dire que pendant toute la cérémonie, la
musique de la Garde Nationale et celles des régiments n'ont cessé de
jouer l'air chéri : « Ça ira…. »

municipaux ; Febvé, Ragot, Coliny, Zangiacomi père, Saulnier, Bour, Bouzonvillers, Néret, François, Richier, Henry, Mourquin, André, Rolin, Morin, Nicolas l'aîné, Pierson, Dumast, Lebel, Marizien, Nicolas vicaire épiscopal, Henrion, Lafitte, Dufresne, Lacour, Mariotte, Croi zier, notables ; Anthoinet, procureur de la Commune : Zangiacomi, son substitut ; Nozan, secrétaire greffier : Pierre Maire, commandant la Compagnie des Vieillards , Le Veneur, Charles-François-René Chazot, maréchaux de camp ; Clinchamp, N.-C.-J. Duhac, aides de camp ; Legrand, Meunier, lieutenants-colonels ; Joseph Duverger, lieutenant-colonel du 7e régiment de dragons ; Friant, adjudant général de la Légion ; Marin, sous-adjudant général ; Boissier, Ballay, Bourcier, Marc, Calmetz, Brugnon, Grignon, Puiproux, Noël, Georges Lange, Fradin, Petit-Demange, Rivierre, Durand, commandants de bataillons de la Garde Nationale ; Charles Jadelot, commandant du bataillon des Jeunes Citoyens ; J. Le Deist de Botitout, capitaine au 34e régiment ; C.-F. Taxis, capitaine, etc., etc..., et un grand nombre d'officiers, sousofficiers et soldats de la Garde Nationale et des Troupes de ligne.

Collationné. Signé : NOZAN.

Adresse à l'Assemblée Nationale

LÉGISLATEURS,

Les citoyens de Nancy, viennent vous offrir l'hommage de leur reconnaissance ; vous avez décrété la guerre au roi de Hongrie et de Bohême, la guerre que commandait la dignité nationale, la guerre que rendait nécessaire le besoin impérieux de notre conservation.

Législateurs, nous la ferons avec courage, nous combattrons pour tout ce que nous avons de plus cher, la Liberté, l'Égalité, la Propriété, nous combattrons pour rester Français ; non jamais, jamais nous ne subirons le joug, la mort plutôt que la honte, la mort plutôt que l'esclavage.

Législateurs, nous vous le promettons : pendant que nos frères d'armes vont combattre nos ennemis au dehors, nous

2

les contiendrons au dedans ; nous observerons les Lois, nous
payerons les contributions, nous ferons avec ardeur le serment de la Garde nationale, sans lequel il n'est point de
Liberté, nous formerons nos enfants pour la Constitution,
nous façonnerons leurs jeunes âmes au respect et à l'amour
des Lois.

Législateurs, soyez intrépides et calmes au milieu des orages, maintenez avec une inébranlable fermeté l'exécution des
Lois ; ceux-là seuls qui les enfreignent ou les méprisent, sont
nos ennemis.

Suivent huit pages de signatures *(non reproduites)* de
citoyens et de militaires de tous les grades.

Adresse au Roi

Sire,

Quand Votre Majesté a proposé la guerre à l'Assemblée
Nationale, elle a annoncé qu'elle avait consulté l'opinion d'un
grand nombre de citoyens ; nous venons témoigner à Votre
Majesté notre reconnaissance de ce qu'elle a suivi le vœu des
amis de la Liberté et de l'Egalité ; ils voulaient la guerre
pour venger l'honneur de la Nation si souvent outragé.
Croyez, Sire, que leur désir le plus cher est de faire régner
les Lois, les Lois de l'exécution desquelles Votre Majesté est
chargée ; c'est pour qu'elles ne souffrent point d'atteinte, que
nous voulons combattre ; c'est pour affermir la Paix intérieure que nous armons contre les ennemis du dehors ; Sire,
ils sont ceux de Votre Majesté comme ceux du Peuple, ils
nous confondraient dans leurs vengeances, si nous nous laiss-
sions effrayer par leurs menaces. Sire, puisque notre intérêt
est le même, il faut, par des efforts communs, combattre nos
communs ennemis.

Votre Majesté s'est entourée de Ministres patriotes ; elle
a, par là, de nouveau manifesté sa volonté de faire respecter
la Constitution au dedans et au dehors. Vos Ministres vous
feront entendre la voix du Peuple ; Sire, écoutez-la, c'est la
meilleure, c'est le plus sûr conseil des Rois.

Suivent huit pages de signatures *(non reproduites)* de
citoyens et de militaires de tous les grades.

On connaît les débuts de la guerre. Notre armée du Nord envahit la Belgique, le 28 avril, et prend la fuite à la vue des Autrichiens qui ne poursuivent pas leur succès.

La Prusse, en vertu d'un traité signé dès le 7 février 1792, fait cause commune avec l'Autriche.

Le 11 juillet, l'Assemblée Nationale déclare la *Patrie en danger*, et ces mots magiques provoquent à Nancy un magnifique élan d'enthousiasme, dans la mémorable journée du dimanche 22 juillet.

Le duc de Brunswick publie contre les Français, et les Parisiens en particulier, un manifeste insultant qui détermine l'insurrection, du 10 août, contre la royauté.

Enfin, l'armée prussienne pénètre en **France**.

II

L'INVASION

Conformément au plan des alliés, l'armée prussienne se dirigeant sur Longwy et Verdun, devait être flanquée par les Autrichiens chargés, à droite, d'opérer contre notre armée et nos places du Nord ; à gauche, d'occuper Thionville et d'observer Metz. Le lendemain du 10 août, l'ennemi franchit la frontière et occupe facilement Sierck, puis, quelques jours après, le château de Rodemack.

En même temps que la nouvelle de l'invasion, de faux bruits se répandent dans le pays. Le Conseil de la Meurthe reçoit, par Dieuze, communication d'une lettre envoyée à Sarreguemines par M. Desportes, chargé des Affaire de France à Deux-Ponts. Suivant cette lettre, vingt mille Autrichiens se sont portés à Laudren, à six lieues de Deux-Ponts, et, le 13 au matin, ils seront à Hombourg pour continuer leur route par Sarreguemines, tomber sur Nancy et, de là, marcher sur Paris. Le Conseil de la Meurthe décide aussitôt, le 14 août 1792, qu'il expédiera des courriers aux généraux pour les prévenir, solliciter leurs ordres et instructions et les assurer « que si le péril est grand, notre courage est encore supérieur, que nous serons fidèles au serment que nous avons fait de vivre libres ou de mourir, que nos gardes nationaux sont dans ces dispositions et qu'il n'est ici personne qui ne préfère la mort à l'esclavage. » En même temps, le Conseil de la Meurthe convoque le Conseil du District et le Conseil de la Commune de Nancy pour délibérer sur la gravité de la situation.

Un membre de l'assemblée dit : « Au moment où l'union règne entre toutes les parties de l'empire, au moment où tous les citoyens brûlent du saint amour de la Liberté, où la France se porte à la frontière pour combattre l'ennemi, on nous annonce que vingt mille Autrichiens ont formé le projet de pénétrer dans l'intérieur de la France et de se rendre à Paris. Il est difficile de penser qu'ils hasardent une tentative aussi périlleuse. Ne cherche-t-on pas à nous alarmer, à jeter de vaines terreurs dans les esprits pour causer quelques commotions nouvelles ? Si c'est là le dessein des ennemis, il sera déconcerté, j'espère, comme tant d'autres, et tournera contre eux. Cependant, prenons des précautions comme si l'attaque devait être réelle, les mesures que nous prendrons ne seront pas perdues pour la cause de la Liberté. »

« Quel que soit le danger, dit le maire de Nancy, le courage des Français est bien supérieur et il redouble encore à l'approche de l'ennemi. Il ne s'agit pas de savoir si nous tiendrons nos serments — certes, aucun de nous ne veut y manquer, personne ne veut subir le joug de l'esclavage — il s'agit de savoir les moyens que nous avons pour repousser les esclaves soudoyés qui nous apportent des fers. J'offre d'assembler la Légion de Nancy et d'inviter les citoyens qui, aux vertus civiques, joignent des talents militaires, de se tenir prêts à partir. Nous avons des canons, des boulets, des cartouches, des fusils, les hommes ne nous manqueront pas. Je réponds des citoyens de Nancy ; leur patriotisme et leur bravoure me sont connus, ils marcheront à l'ennemi, et nous, nous resterons à notre poste pour veiller au dépôt précieux qu'ils nous laisseront entre les mains et pour maintenir l'ordre ; il ne sera pas troublé, je l'espère, j'oserais même en répondre, car Nancy est plein de patriotes ; le patriote respecte les personnes, les propriétés, n'agite pas et ne trouble pas la tranquillité publique, il contient, au contraire, ceux qui n'observent pas les Lois. »

« Il n'est pas possible, a-t-on répliqué, de faire marcher
les troupes sans que les généraux en soient prévenus. On
contrarierait leurs mesures, on enverrait des forces là où
elles ne sont peut-être pas nécessaires. D'un autre côté, la
marche des troupes nécessite des approvisionnements de
toutes espèces : il faut des vivres, il faut des bagages, il
faut des munitions de guerre ; seuls, les généraux peuvent pourvoir à tous ces besoins. »

Après différentes réflexions, la discussion étant fermée,
on a mis successivement aux voix les diverses mesures
qu'il convenait de prendre, et il en est résulté un arrêté
conçu en ces termes :

Arrêté du 14 Août 1792

Le Conseil du Département de la Meurthe, réuni aux Conseils généraux du District et de la Commune de Nancy, et
après avoir entendu leur avis, considérant l'imminence du
danger, mais rassuré par le zèle et le courage des Gardes Nationales, par leurs dispositions non équivoques à tenir le serment qu'elles ont fait de vivre libres ou de mourir, convaincu
que leur intérêt et le péril que courent leurs personnes et ce
qu'elles ont de plus précieux et de plus cher, les porteront
à prendre des résolutions vigoureuses, pour éviter le pillage
et le massacre auxquels on doit s'attendre si l'ennemi pénètre dans l'intérieur ; persuadé qu'il s'agit simplement de
mettre de l'ensemble dans les mesures à prendre, et que la
réunion des forces intérieures peut mettre en état de résister
et donner à nos armées le temps d'arriver pour repousser
l'ennemi ; au nom du danger de la Patrie, au nom de la
Constitution et de l'honneur du nom Français, requiert toutes les Gardes Nationales du département, armées ou qui
pourront l'être, de se tenir prêtes à marcher au moment où
elles en recevront l'ordre ; le Procureur Général Syndic ouï,
arrête :

« Que tous les ouvriers en fer seront très instamment invités et exhortés, par leurs Municipalités, à s'occuper à forger
des piques, conformément au modèle qui leur sera présenté ;
que ces piques seront remises aux Municipalités qui les dis-
tribueront aux citoyens disposés à en faire usage ; que le
prix de ces piques sera acquitté sans retard sur les caisses de

District, d'après les mandats de leurs Directoires, ordonnancés par celui du Département ;

« Invite également tous les citoyens qui ont plusieurs fusils, à n'en conserver qu'un et à remettre les autres entre les mains des Conseils Généraux des Communes, le Conseil assurant, sur la loyauté nationale et sous la garantie des Conseils généraux, que le danger passé, ces armes seront remises exactement à ceux qui les auront confiées, à l'effet de quoi il en sera donné des récépissés et tenu des registres.

« Le même intérêt, le même patriotisme animant les Départements voisins, il sera envoyé des courriers aux Conseils de ces Départements, pour leur faire part de l'invasion dont est menacé le territoire français et des mesures que le Conseil du Département de la Meurthe a cru devoir prendre à cette occasion, et pour leur témoigner, en même temps, la confiance que l'on met dans les efforts qu'ils feront pour repousser l'ennemi commun. Enfin, les Conseils des Départements voisins seront priés d'examiner s'il n'est pas urgent de tenir leurs Gardes Nationales armées et prêtes à marcher aux premières réquisitions qui leur seront faites.

« Délibère, en outre, le Conseil du Département de la Meurthe, qu'il sera rendu compte du présent arrêté à l'Assemblée Nationale et aux généraux d'armée. »

Le maréchal Luckner, prévenu par le Conseil de la Meurthe, lui répond ce qui suit :

Au quartier général de Richemont,
le 14 août 1792, l'an 4e de la Liberté.

Je reçois avec reconnaissance, Messieurs, l'avis que vous voulez bien me transmettre sur les projets d'invasion de la part de vingt mille Autrichiens sur le territoire français ; je ne puis que vous en remercier et vous prier de vouloir bien me continuer ce soin quand vous aurez quelques nouvelles sur la marche de nos ennemis. J'ai reçu, ce matin, les mêmes détails que vous me faites l'honneur de m'adresser par votre courrier ; ils disent ponctuellement la même chose. Je dois vous observer, Messieurs, que je considère ce bruit répandu à plaisir, pour tâcher de me faire prendre le change avec ma petite armée, et, après y avoir mûrement réfléchi, je ne puis croire que l'ennemi se risquera de prendre le chemin, par

Nancy, pour Paris, avec vingt mille hommes. Mon armée,
toute faible qu'elle est et composée seulement de treize mille
hommes, le gêne infiniment dans la position qu'elle occupe;
je croirais donc commettre une faute irréparable que de lui
faire faire un mouvement que l'ennemi provoquerait à dessein. Mon avant-garde est placée de manière à retarder la
marche des vingt mille hommes, en cas qu'ils aient véritable-
ment l'envie de marcher sur Nancy, et de me donner par là
le temps de faire mes dispositions.

Je ne puis que vous réitérer, Messieurs, toute ma reconnaissance du soin que vous avez pris de me faire part de cette
nouvelle ; vous pouvez être persuadés que rien ne me sera
plus agréable que de correspondre avec vous pour tout ce qui
concernera le salut de la Patrie et qui tendra au maintien
de la Constitution que j'ai juré de défendre de tout mon pouvoir et au péril de ma vie.

Le Maréchal de France, Général d'Armée,

Signé : LUCKNER.

D'autre part, MM. Viard et Jacquinot, délégués par le
Conseil de la Meurthe, rapportent : «... qu'étant allés à
Metz, ils avaient vu M. de Beauharnais, adjudant général de l'armée du Centre ; que cet adjudant pensait,
comme le Maréchal, que la nouvelle de l'entrée de vingt
mille Autrichiens passant par Sarreguemines, n'était sû-
rement répandue qu'à dessein de faire changer de poste
à l'armée française ; que c'était une fausse alarme qu'on
avait voulu jeter ; qu'au reste on se tiendrait tellement
sur ses gardes et que l'on prendrait si bien ses mesures,
que partout où l'ennemi voudrait passer il se trouverait
des hommes prêts à le repousser ; qu'il a fait l'éloge des
Volontaires Nationaux du département de la Meurthe et
s'est félicité d'avoir de telles troupes à opposer aux Autrichiens. »

MM. Viard et Jacquinot ajoutent « qu'ils s'étaient pré-
sentés au Conseil du Département de la Moselle, qui les
avait parfaitement accueillis et les avait assurés que les
citoyens de la Meurthe trouveraient, dans ceux de la
Moselle, des frères remplis de courage et disposés à voler
à leur secours au premier signal ; que, revenant par

Pont-à-Mousson, ils avaient appris que la Légion de ce District avait été assemblée et avait témoigné, comme celle de Nancy, la résolution de verser jusqu'à la dernière goutte de son sang pour la défense de la Constitution et de la Liberté. »

Dans sa séance du 17 août, le Conseil de la Meurthe, « considérant que la lettre du maréchal Luckner et le compte rendu satisfaisant de MM. Jacquinot et Viard devaient calmer les inquiétudes que la nouvelle des projets des ennemis avait données, sans que, néanmoins, l'éloignement du péril dut refroidir le zèle des citoyens et faire négliger aucun moyen de défense, puisque ce qui n'est pas vrai actuellement pourrait le devenir dans peu, invitant même les Gardes Nationaux à se tenir prêts à marcher lorsqu'ils en seront requis, arrête :

« Que la lettre de M. Luckner et le compte rendu seront imprimés et affichés. »

De son côté, Toul ayant écrit au maréchal Luckner, en recevait, dès le 15 août, la réponse suivante :

Au quartier général de Richemont,
le 15 août 1792, l'an 4ᵉ de la Liberté.

J'étais instruit avant vous, Messieurs, de la marche de nos ennemis et, aussitôt, j'ai pris des arrangements qui pourront leur ôter l'envie de tenir la route qu'ils se proposaient de prendre. Je connaissais aussi la force de votre garnison, je la crois très suffisante, et si les circonstances exigeaient qu'elle fut renforcée, vous devez compter que je ne négligerai pas de le faire.

Je ne puis qu'applaudir aux sentiments si bien exprimés dans l'arrêté du Département de la Meurthe, et je me plais à croire que tous les bons citoyens y donneront une entière adhésion.

Je fais tout ce qui est en mon pouvoir pour procurer aux braves Gardes Nationales les armes dont ils (sic) auront besoin, mais les magasins et arsenaux sont si dégarnis, qu'avec la meilleure volonté il me sera impossible d'en donner à toutes. C'est pourquoi je vous invite fort à vous procurer toutes celles que vous pourrez rassembler.

Il est très bien fait de tenir prêts les 600 hommes en état de servir que vous avez dans votre ville ; dans le cas où elle pourrait avoir besoin d'un officier général, je ne négligerai pas d'y en faire aller un avec des troupes qui se réuniraient à celles qui y sont déjà.

Quels que soient (*sic*) le nombre de nos ennemis, je ne pense pas qu'ils aillent aussi loin qu'on semble le craindre. J'ai à leur opposer des troupes pleines de valeur qui brûlent de combattre et avec lesquelles on ne peut douter du succès. Voilà, Messieurs, ce que je pense, et je ne crois pas me tromper.

Le Maréchal de France, Général d'Armée,

Signé : LUCKNER.

Enfin, si le Département de la Moselle annonce, le 24 août, qu'il ne peut envoyer aucun secours matériel, le Département des Vosges écrit que « le Département de la Meurthe peut compter sur tous les secours qu'il a droit d'attendre de l'amitié la plus fraternelle. »

En résumé, d'une part, le danger n'est pas immédiat ; d'autre part, les généraux et les départements voisins sont prêts à secourir la Meurthe, en cas de besoin. Aussi, le Conseil de la Meurthe rassuré enregistrera, le 21 août, comme un faux bruit sans importance, que, suivant une seconde communication de Dieuze, 30.000 Autrichiens : 22.000 fantassins et 8.000 cavaliers, sont à Bliescastel et menacent Bitche.

Néanmoins, le Conseil de la Meurthe persiste dans son projet d'organiser des Gardes Nationales, non pas pour aller au loin combattre les armées, mais pour repousser les partis ennemis qui s'avanceraient dans le Département. Dès le 28 août, il avait invité les Districts à lui envoyer l'état des Gardes Nationaux dont on pouvait disposer; il revient sur ce sujet dans sa séance du 31 août, matin :

« Le Conseil du Département de la Meurthe, considérant que dans le moment où l'ennemi est sur le territoire français et où le danger peut accroître à chaque instant, il est important de connaître quelles sont les forces que l'on peut opposer aux partis qui se détacheraient des armées étrangères pour ravager les Communes, arrête :

1° Que les Directoires de Districts, en retard d'organiser la Garde Nationale de leur arrondissement, le feront sans délai et en rendront compte, sous peu de jours, en envoyant le tableau exact de cette formation ;

« 2° Que l'état des hommes récemment levés, comme volontaires ou comme recrues des troupes de ligne, sera adressé et envoyé au Directoire du Département par chaque District ;

« 3° Que l'on fera exécuter sur-le-champ les articles de la section IV de la Loi du 14 octobre 1791, concernant l'ordre du service ; qu'en conséquence il sera tiré au sort quels sont ceux qui doivent marcher en cas de réquisition ; et que les Directoires certifieront l'exécution de ces dispositions ;

« 4° Enfin, que les Municipalités rendront compte de l'exécution de la Loi du 8 juillet 1792, qui ordonne la déclaration du nombre et de la nature des armes et munitions ; que le tableau en sera envoyé incessamment à l'Administration du Département. »

En outre, dans la même séance, « le Conseil voulant faire cesser, ou tout au moins diminuer les inquiétudes fâcheuses dans lesquelles les esprits sont tenus par l'incertitude des événements de la guerre, arrête : « Que le Conseil du Département de la Moselle sera instamment prié de communiquer tous les jours, à celui de la Meurthe, les connaissances qu'il est à portée d'avoir sur ce qui se passe aux armées, et qu'il sera établi un homme sûr pour apporter les lettres et nouvelles de Metz les jours où la Poste n'en vient pas ; enfin que l'on priera également le Département de la Meuse de donner le plus souvent possible, à celui de la Meurthe, les nouvelles que sa proximité des armées le mettra dans le cas d'avoir. »

Le même jour, 31 août, le Conseil est convoqué en séance extraordinaire, à 6 heures du soir, pour prendre connaissance de la lettre suivante du Ministre de l'Intérieur :

A Paris, le 27 août 1792,

l'an 4 de la Liberté et de l'Egalité.

Les périls de la Patrie croissent, Messieurs, et le moment semble venu que tous ses ennemis ont marqué pour le concert de leurs efforts. C'est à ses défenseurs à redoubler d'activité et d'énergie. Tous les Français, sans doute, sont persuadés qu'il n'y a nulle capitulation possible avec ceux qui leur apportent des fers. Eh ! que ces infâmes ne disent pas au peuple que tout ce qu'ils se proposent est de rétablir l'ordre et la tranquillité dans le Royaume; que sous le régime qu'ils veulent réinstituer, l'habitant des villes et des campagnes sera protégé ; que nul ne sera inquiété pour sa conduite dans la Révolution ; en un mot qu'ils ne puniront que ceux qu'ils prétendent être les moteurs et les chefs de parti. Le Peuple français ne s'abusera pas assez pour croire à ceux qui veulent le perdre. Il reconnaîtra le langage de leur perfidie. Il saura qu'indépendamment de la perte de la Liberté, il aurait pour expectative les plus cruelles vengeances, s'il mollit devant les hommes atroces qui les méditent depuis si longtemps.

Sa résolution à périr ou à se conserver libre ne peut donc être mise en question. La multitude des enrôlements pour marcher aux frontières en est la preuve. C'est à vous, Messieurs, c'est à ses Administrateurs de tous les genres, à seconder vigoureusement son ardeur. Que tout prenne l'appareil redoutable des combats. Façonnez tous les métaux en armes. Ordonnez partout des fabrications de canons, de fusils, de sabres, de piques. Approvisionnez-vous de boulets, de cartouches et de poudre. Que ces approvisionnements, que ceux en vivres et en fourrages soient détournés des lieux exposés à l'ennemi ; qu'il soit pourvu à leur sûreté. Que chaque ville, chaque hameau ferme son enceinte, s'environne de postes, de retranchements, se prépare à une vive résistance. Veillez au passage des rivières ; disposez-vous à couper les ponts et les chaussées ; que des abatis interceptent les communications par les forêts. Semez d'obstacles la route de l'ennemi, et que tout soit prévu pour qu'il ait à la fois à combattre et les obstacles et la valeur des habitants et de nos armées. Tous pouvoirs vous sont donnés à cet égard : toute mesure préservatrice est bonne dans la crise extrême des dangers. La sûreté des administrés, le salut de l'empire dépendent de vous. Les armées ennemies sont sur vos terres ; armez tous les bras qui se lèvent déjà pour les exterminer.

L'Assemblée Nationale s'occupe d'envoyer de nouvelles forces aux frontières. Tout ce qu'il y a d'armes à Paris et aux environs, va se porter aux départements attaqués. Le Conseil exécutif veille. Toutes les ressources nationales seront mises en mouvement. Est-il rien à ménager quand il faut sauver la Patrie ?

Le Ministre de l'Intérieur,

Roland.

Aussitôt après avoir délibéré au sujet de cette lettre, le Conseil de la Meurthe prend ce second Arrêté du 31 août :

« Des Ingénieurs se rendront dans les Districts de Toul et de Pont-à-Mousson, vers les limites qui les séparent des Départements voisins. Ils s'adjoindront les chefs des Gardes Nationales des lieux, prendront des renseignements des Municipalités, des Notables et gens connaissant le territoire, chercheront de quelle manière on pourrait former des obstacles à la marche des ennemis, examineront les points susceptibles de défense, calculeront les ouvrages, d'une exécution prompte et peu dispendieuse, qui pourraient rendre des passages impraticables, verront s'il n'y aurait pas quelques ponts à abattre dans le cas où l'ennemi se présenterait, s'informeront des gués, des rivières et ruisseaux, comment on pourrait les rendre dangereux, quelles hauteurs ou détroits il serait important d'occuper, quelles forces il faudrait y placer pour repousser un petit détachement, quelles sont les Communes les plus à portée et les plus en état de les fournir, enfin si les Communes ont des armes et munitions. Les Commissaires sont aussi invités à visiter l'arsenal de Toul, pour savoir les ressources qu'il présente et connaître la quantité et la nature des armes et munitions qu'il renferme. »

Le Conseil de la Meurthe nomme immédiatement trois Commissaires-Ingénieurs : MM. Le Creulx, ingénieur ; Poirot, architecte, remplacé le lendemain, pour raison de santé, par Saunier, arpenteur, et Valory, citoyen de Toul.

Toujours dans la même séance du 31 août, six heures du soir, le Conseil décide encore que l'officier ayant commandement et inspection des arsenaux de Nancy, Toul et Marsal, sera requis de mettre à la disposition du Directoire du Département les armes, la poudre et les balles nécessaires aux Communes les plus menacées, et de mettre à la disposition de la Municipalité de Nancy : 1° Les boulets de quatre de l'arsenal, afin qu'elle puisse s'assurer de leur calibre ; 2° des balles, afin que l'on puisse en remplir des boîtes pour charger, au besoin, les canons à mitraille. En outre, le Conseil autorise le District de Toul à faire construire ou réparer les affûts de ses canons.

« Enfin, le Conseil du Département invite les Citoyens à se reposer, avec confiance, sur leurs Administrateurs, au sujet des ordres à donner pour les ouvrages nécessaires à la défense de leurs propriétés ; à obéir en tout aux chefs qu'ils se sont choisis ; à se diriger comme ils l'indiqueront ; à s'exercer au maniement des armes ; à poster des hommes sûrs pour les avertir au besoin ; à n'envoyer à la découverte que des Citoyens intelligents, froids et courageux, qui ne s'effraient pas facilement et ne viennent point reporter dans les esprits la terreur qu'ils ont conçue, en prenant des amis pour des ennemis, faute de s'être approchés des objets.

« Le Conseil les prie de ne pas oublier que l'ordre, la subordination et surtout l'union peuvent seuls les mettre en état de repousser les ennemis. Au reste, le Conseil aime à pouvoir les prévenir qu'il y a toujours plus d'espérance que le gros de l'armée ne dirige pas sa marche du côté du Département de la Meurthe, et que l'on ne peut avoir à craindre que quelques soldats fourrageurs que la nécessité de vaincre ou de périr, doit engager à repousser courageusement. »

Dans cette même journée du 31 août, le Conseil Général de la Meurthe ouvre une troisième séance, à dix heures du soir, et reçoit une lettre que le Conseil du Département de la Meuse lui envoie par un courrier extraordinaire :

Bar, le 31 août 1792,
l'an 4 de la Liberté.

MESSIEURS ET CHERS COLLÈGUES,

On vient à l'instant même de nous assurer que la ville de Verdun est assiégée et bloquée. La garnison est disposée à périr plutôt que de se rendre. Nous vous prévenons de ces événements qui rendent nos dangers plus grands que jamais. Les troupes que l'Assemblée Nationale a promises sont en marche ; c'est à ces défenseurs que les Gardes Nationales Citoyennes de votre Département, doivent toutes s'unir en prenant la route de Paris pour Châlons et Sainte-Menehould, que nous pensons qu'elles (sic) doivent tenir. Le moment est arrivé, Messieurs, de développer toute l'énergie que vous avez manifestée ; sans de grands moyens, on ne peut calculer les maux qui vont accabler la Patrie et les progrès qu'ils vont faire contre la Liberté et la Souveraineté Nationale.

Les Administrateurs du Département de la Meuse,
Signé : TERNAUX et GOSSIN.

Les trente mille hommes dont il est parlé dans cette lettre, sont ceux que l'Assemblée Nationale demandait, par le décret du 27 août, aux Gardes Nationales de Paris et des Départements voisins, pour renforcer l'armée de Luckner. Un membre du Conseil de la Meurthe propose, comme le Conseil de la Meuse, de requérir les Gardes Nationales de rejoindre les trente mille hommes envoyés contre l'ennemi; mais on lui objecte : « Que la direction des forces devait être laissée aux généraux, qu'eux seuls savaient où les hommes manquaient, où ils pourraient servir le plus avantageusement ; que pour la route il fallait des ordres aux étapiers ; qu'il fallait des munitions de guerre et des effets de campement ; que ces objets sont à la disposition des généraux seuls ; que le Maréchal Luckner était près de nous et qu'il était plus prudent de s'adresser à lui, de lui demander la route à suivre, au lieu de marcher au hasard et de compromettre la vie des Citoyens, sans utilité pour la Patrie, faute d'être placés où le besoin le demande. »

Ces observations frappent le Conseil de la Meurthe, mais, estimant qu'il est urgent de secourir ses voisins, et, prévoyant des réquisitions imminentes, il arrête (troisième Arrêté du 31 août) :

« Qu'il sera envoyé, sur-le-champ, des courriers à tous les Districts du Département, afin qu'ils préviennent leurs Gardes Nationales qu'avant vingt-quatre heures, très probablement, elles seront requises de marcher ; qu'en conséquence, ils doivent déterminer ceux qui sont dans le cas de porter des secours aux Départements voisins, examiner les armes et munitions qu'on peut mettre à leur disposition et préparer tous les objets nécessaires pour la route ; que, dans le cas où la Garde Nationale de leur arrondissement n'aurait pas encore fixé l'ordre de service en campagne, il faudra incontinent faire tirer au sort le rang des compagnies et escouades qui doivent marcher ; enfin qu'il sera envoyé, à l'instant même, un courrier au Maréchal Luckner, afin de lui annoncer l'intention bien décidée des Citoyens de la Meurthe de voler à la défense de leurs voisins, lui demander le nombre d'hommes dont il peut avoir besoin, la route qu'ils doivent tenir, les généraux aux ordres desquels ils doivent obéir ; le prier, en même temps, d'ordonner tout ce qui est nécessaire pour que, dans leur route, les Gardes Nationales trouvent les vivres et les munitions nécessaires. »

Comme on le voit, les Administrateurs de la Meurthe avaient bien rempli cette journée du 31 août 1792. La plus urgente de leurs décisions concernait les secours à envoyer à Verdun ; aussi, dès le lendemain, 1er septembre, le Procureur Général Syndic, Le Lorrain, s'empresse d'envoyer, aux Districts, le troisième Arrêté du 31 août :

« Je vous prie, Messieurs, de ne pas perdre de temps à le faire exécuter et de disposer les Gardes Nationales de votre

District à se tenir prêtes à partir, au premier signal, dans le nombre qui sera déterminé ultérieurement.

Je n'ai pas besoin de vous dire que les Citoyens qui ne seront pas en ordre actuel de départ devront céder leurs armes à ceux qui, désignés pour partir, n'en auraient point à leur disposition. Vous comprenez que cette marche n'ayant pour objet qu'un secours momentané, elle ne peut se faire sans armes, parce qu'on ne pourrait espérer d'en trouver au lieu de leur destination. Il sera donc de toute nécessité que les partants se munissent de tout ce qui leur conviendra à cet égard. Les munitions sont le seul objet dont ils peuvent se passer de s'approvisionner, sinon de celles qui leur seront utiles pour leur défense dans le cours de la marche. »

La Meurthe est donc toute disposée à envoyer des Gardes Nationales au secours de Verdun, mais le mouvement n'a pas lieu. D'abord les généraux ne répondent pas : Luckner, reconnu, le 1ᵉʳ septembre, généralissime des trois armées du Centre, du Nord et du Rhin, se rend à Châlons, et Kellermann qui lui succède dans le commandement de l'armée du Centre, part du camp de Frescaty pour marcher sur Châlons, en passant par Pont-à-Mousson, le 4, et par Toul, le 5 septembre. Ensuite, la Meurthe apprend la reddition de Verdun.

Commercy, 3 septembre, l'an 1ᵉʳ de l'Egalité.

Messieurs,

La ville de Verdun s'est rendue hier, à trois heures après-midi. Le détachement que nous y avions envoyé, est de retour ce matin. Il est sorti avec les honneurs de la guerre.

A 4 heures du matin, aujourd'hui, l'ennemi est entré à Saint-Mihiel, il a fait prisonnier le dépôt du régiment qui y était en quartier, ainsi que 25 hommes du 7ᵉ régiment de cavalerie. Il a fait main basse sur la caisse nationale, dans laquelle il a trouvé 62.000 livres. Après avoir déjeuné, il s'est retiré à Verdun pour déposer ses prises.

En ce moment (il est 7 heures du soir), un courrier nous annonce qu'un détachement de Prussiens s'empare du Parc des vivres de Sampigny ; on nous assure aussi que nos bois sont occupés par les ennemis ; à chaque instant, nous nous attendons à être réduits à les recevoir.

3

Nous acceptons avec plaisir l'offre d'une correspondance ; demain, nous vous instruirons de ce qui se sera passé dans ces contrées.

Les Administrateurs du Conseil du District de Commercy.

En conséquence, les Administrateurs de la Meurthe ne songent plus qu'à la défense du Département.

III

ORGANISATION DE LA DÉFENSE

Plan général de Défense. Croquis et tableaux (L. 411)— Premier Rapport du 3 Septembre. État de l'arsenal de Toul (L. 411) — Lettre de Toul au Ministre de la guerre (Archives de Toul. Reg. de correspondance) Arrêté du Conseil de Thiaucourt (L. 411). Lettre de Dumouriez à Servan (Archives historiques de la guerre) — Mesures de sûreté générale (L. 411) — Faux bruit de l'investissement de Toul (L. 2339) — Postes de correspondance pour la transmission des nouvelles (L. 70).

Dès le 1ᵉʳ septembre, M. Valory, l'un des Commissaires-Ingénieurs, avait fait remarquer qu'il serait plus facile de défendre Nancy, que les limites du Département dans les Districts de Toul et de Pont-à-Mousson ; mais le Conseil de la Meurthe maintint sa décision du 31 août.

Le 10 septembre, après avoir achevé leur tournée d'inspection, les Commissaires-Ingénieurs donnent lecture en séance du Conseil de la Meurthe, de leur Rapport « dans lequel ils ont désigné les postes avantageux qu'il faudrait occuper, le nombre d'hommes à y placer, les Communes qui pourraient les fournir, ainsi que les armes nécessaires ; ils ont calculé le prix des ouvrages à faire et celui des effets de campement dont on aurait besoin. »

Nous donnerons ce Rapport, tel que nous l'avons retrouvé, signé des Commissaires-Ingénieurs, et tel qu'il a dû être envoyé aux autorités civiles et militaires; nous ajouterons seulement quelques parenthèses indispensables :

PLAN DE DÉFENSES GÉNÉRALES

contre les incursions des partis ennemis

sur le territoire du département de la Meurthe

Cejourd'huy 9 Septembre 1792,
l'an 4 de la Liberté.

Nous soussignés, Commissaires nommés par l'arrêté du
Département, du 31 août 1792, à l'effet de visiter les limites
des Districts de Toul et de Pont-à-Mousson, pour reconnaître les lieux, gorges, ruisseaux et passages où l'on pourrait
s'opposer, efficacement et à peu de frais, aux incursions des
partis ennemis, nous sommes transportés, dimanche 2 septembre, à la ville de Toul, où, étant accompagnés de Messieurs les Administrateurs du District, Officiers Municipaux
et Commandants de Légion, nous avons visité l'enceinte de
la place et avons reconnu qu'étant commandée, presque de
toutes parts, par les hauteurs qui l'avoisinent, elle ne pourrait résister qu'à un parti de troupes légères qui tenteraient
de la surprendre ; et pour cela, on doit se reposer sur la
vigilance de la Garde chargée d'avertir de l'approche de
l'ennemi, et de fermer les portes à propos.

Cependant, pour plus grandes précautions, nous avons remarqué qu'il serait à propos de faire palissader à quatre endroits différents où l'on monte aisément sur le rempart ; il
faudrait environ 160 palissades.

Nous avons remarqué que l'on peut s'introduire dans la
ville par l'écluse défaite, dont plusieurs barreaux de la grille
sont cassés. Il serait peut-être bon, mais dispendieux, de
curer le canal qui reçoit les eaux de la Moselle, depuis
l'écluse supérieure jusqu'à celle d'entrée, afin de pouvoir mettre les eaux dans une partie des fossés. Mais ces réparations
ne deviendraient utiles qu'autant que l'ennemi attaquerait
la ville avec un corps d'infanterie et troupes légères sans
artillerie.

Nous avons visité l'arsenal dont l'état, ainsi que celui des
pièces d'artillerie, a dû être remis au Département par
M. Le Creulx. Le garde de l'arsenal et magasin à poudres
nous ayant dit qu'il n'y avait point de cartouches, nous
avons cru devoir engager le District à lui donner des ordres
pour en faire vingt à trente mille.

Le lundi, nous avons examiné la position de Foug dont l'entrée, du côté de Paris, est resserrée entre deux montagnes et, par conséquent, très favorable pour arrêter l'ennemi au moyen de deux retranchements. Le premier serait fait à l'extrémité de la côte de Savonnières. Le chemin est pratiqué sur l'arête de la montagne, à gauche, et domine la grande route sur une longueur d'environ 60 toises, à la portée du fusil; il servirait de parapet aux soldats placés dans les vignes de Savonnières; la retraite serait couverte par le retranchement ci-dessus et par les différentes coupures et traverses qu'on ferait au chemin. L'autre retranchement se ferait à la tête des chemins de Commercy et de Trondes, sur la crête de la montagne, à droite de la route. Ce retranchement servirait de retraite aux soldats et arrêterait l'ennemi qui se serait emparé du plateau de la montagne. Au moment de l'attaque on couperait ou l'on encombrerait la grande route, de crainte que, le feu n'étant pas continu, l'ennemi ne forçât le passage. Le chemin de la Neuveville étant creux et dans le fond d'une gorge étroite, serait flanqué par les hauteurs qui le couvrent. Mais ce qui défendrait plus efficacement le passage de Foug, serait une pièce de canon placée sur la côte dite du château, au nord du village; de cette montagne très élevée, on découvre tous les abords de ce village et, s'il était possible de placer une seconde pièce au retranchement de la Savonnières, qui dominât la route à droite et la prairie à gauche, le passage serait entièrement fermé.

À Foug, il y a 31 fusils dont 5 mousquetons, 30 fusils de chasse et quelques sabres. À Écrouves, 8 fusils de munition; à Choloy, Ménillot, Dongermain et Val-de-Passey, il y a 75 fusils de munition. Mais, dans tout ce canton, il n'y a ni plomb ni poudre ; il faudrait ordonner qu'on leur en délivrât. Outre ces armes, le village de Foug a commandé cent piques.

Les villages de Boucq, Trondes, la Neuveville, Lucey, Lagney et Sanzey étant couverts par les bois, et leur territoire coupé par des ruisseaux, nous ne pensons pas que les partis ennemis osent s'engager dans un pays dont les issues lui seraient inconnues et difficiles. La nature seule des lieux et la vigilance des citoyens suffisent pour les défendre.

Le lundi 3 septembre, M. Le Creulx nous ayant quittés, à Toul, pour revenir à Nancy, nous avons achevé la tournée à deux.

M. Le Creulx venait annoncer, au Conseil de la Meurthe, la prise de Verdun et communiquer un premier rapport dont nous donnerons les extraits les plus intéressants :

« Nous sommes partis, le 2 septembre, au matin, pour
la ville de Toul et nous avons observé, chemin faisant,
que le passage des fonds du Bois de Haye (Fonds-de-
Toul) était susceptible d'une défense avantageuse.

« De là, nous nous sommes rendus à Toul et, après
avoir fait connaître notre mission aux Corps Administratifs et au Commandant des forces nationales, nous
avons, avec eux, visité la Place. Nous avons trouvé
une garnison d'environ 800 Gardes Nationaux armés,
300 hommes d'infanterie de deux dépôts des 102e et
103e régiments et quelques dragons. En visitant le corps
de la Place, nous avons remarqué : que les fossés
étant à peu près à sec, il faudrait curer des canaux
pour y amener l'eau, ce qui coûterait environ vingt-cinq
louis ; qu'il faudrait faire des palissades, en six points
différents, pour empêcher l'escalade des murs ; que les
trois ponts-levis étant détruits, on devrait y suppléer
en ajustant à chacun trois poutrelles recouvertes de madriers mobiles, faciles à enlever en cas de besoin ; enfin,
qu'on pourrait ajouter, en avant des portes, des places
d'armes palissadées. Nous avons trouvé dans la Place
18 pièces de canon, dont 13 étaient sans affût. Nous avons
visité l'arsenal dont ci-joint l'état détaillé.

« Après nous être entendus sur la nécessité où se trouvait la garnison de prendre des mesures pour résister
à l'attaque d'une troupe légère, il a été convenu qu'en
cas de force supérieure, elle se replierait, avec ses armes,
sur Nancy.

« De là, nous nous sommes transportés, sur la route de
Paris, au village de Foug, avec les Chefs de Bataillon
de Toul, et, ayant assemblé la Commune de ce village,
qui a 40 hommes armés, nous avons reconnu, au-dessus
du dit village, un point de défense excellent, et nous
sommes convenus des travaux urgents et provisoires
qu'il conviendra de faire pour arrêter une troupe enne-

mie qui arriverait par cette voie, étant entendu que si
la garde armée se trouve en force insuffisante, elle se
repliera sur Toul.

« De retour en ville, et ayant appris la prise de Verdun du 2 septembre, sur les trois heures de l'après-midi,
vu les circonstances urgentes, nous avons cru plus convenable de nous séparer : l'un de nous se chargeant d'aller rendre compte au Directoire et les deux autres de
continuer leurs travaux et leurs observations. »

ÉTAT

DES EFFETS TROUVÉS DANS L'ARSENAL DE TOUL OU DANS LA PLACE
LE 2 SEPTEMBRE 1792 PAR LES COMMISSAIRES ENVOYÉS PAR LE
DÉPARTEMENT.

Pièces de canon :

3 pièces de 24, dont 2 sans affût.
3 pièces de 16 sans affût.
2 pièces de 12 sans affût.
2 pièces de 8 sans affût.
6 pièces de 4, dont 2 sans affût.
2 pièces à la Rostaing.
Total : 18 pièces, dont 13 sans affût.
Boulets : 876 de 24 ; 7.883 de 16 ; 630 de 12 ; 972 de 8 ; 7.679
de 4 ; 50 de 1. — Total : 18.090.
2 mortiers de bronze de 12 pouces, à chambre cylindrique,
pour 3 liv. 3/4 de poudre.
2 autres de 8 pouces, pour 1 liv. 3/4 de poudre.
2 affûts à mortier, de fer coulé, pour mortier de 12 pouces.
2 affûts à mortier, de bois ferré, pour mortier de 8 pouces.
1155 bombes de 12 pouces.
2198 bombes de 8 pouces.
2 pierriers de bronze et 2 affûts à pierriers, en bois ferré.
2 obusiers de bronze pour 3 livres de poudre.
84 grenades à main ; 48 grenades de fossé.

Outils :

1132 pioches.   1337 bêches.
1099 écobues.   495 hoyaux.
  63 haches.   155 serpes.

Poudre, etc. :

19.800 livres de poudre.
3600 livres de plomb en balles de 18 à la livre.
200 livres en balles de 22 à la livre.
1900 mèches à canon.

Armes portatives :
119 paires de pistolets bons.
37 à réparer.   } Modèle de 1763.
26 hors de service.
250 pistolets hors de service, ancien modèle, réclamés par
    les gens à pique.
55 mousquetons dont on a annoncé la destination.
12   id.   à réparer.
10   id.   hors de service.
2900 pierres à fusil.

Vérifié à Toul, le 2 septembre 1792,

LE CREULX.

Pour bien établir que la Défense ne pouvait compter
sur la Place de Toul, nous croyons devoir ajouter au
Rapport des Ingénieurs-Commissaires la lettre que les
Administrateurs de Toul adressaient, quelques jours
plus tard, au Ministre de la Guerre.

Toul, le 13 septembre 1792.
l'an IV de la Liberté.

Monsieur,

La Loi du 26 juillet dernier, relative aux places fortes et
aux moyens de les conserver, qui vient de nous parvenir
officiellement, et celles postérieures que les circonstances,
et singulièrement la lâcheté du commandant de Longwy, de
sa garnison et de ses habitants, ont forcé le Corps législatif
à rendre, nous fournissent l'occasion de vous exposer notre
position et nos inquiétudes, avec toute la confiance que nous
inspire la sagesse de votre ministère.

Nous sommes placés dans une ville de guerre de 3e classe,
ceinte d'un simple rempart dont les fossés ne peuvent être
inondés, étant encombrés ; dominée de toutes parts par des
coteaux, desquels la ville peut être brûlée sans aucun moyen

de s'y opposer ; renfermant néanmoins dans son sein des établissements militaires, tels que casernes d'infanterie, de cavalerie, magasins de vivres pour l'armée de Kellermann, hôpital militaire, arsenal et dix-huit pièces de canon, depuis le calibre de 24 jusqu'à celui de 4 inclusivement, dont cinq seulement sont montées sur leurs affûts, mais non mises en état de guerre.

Dans cette position, sommes-nous dans le cas de l'article 1er de la Loi du 26 juillet, c'est-à-dire serons-nous forcés, en cas d'attaque de l'ennemi qui nous environne, de souffrir qu'il y ait brèche au rempart, et les peines prononcées contre tous ceux qui proposeraient de se rendre avant, peuvent-elles être applicables aux citoyens de cette commune ?

Malgré tout le zèle et l'ardeur de nos concitoyens et la bravoure des soldats commandant les dépôts des 102e et 103e régiments d'infanterie, qui forment toute notre garnison, il serait dur d'exiger une résistance vigoureuse et vaine, d'habitants absolument oubliés et de prescrire qu'une place, non mise en état de guerre, quoique ville de guerre, à laquelle on n'a pas fait l'ombre d'un ouvrage pour la mettre en état d'arrêter quelque temps un ennemi dans sa marche, à laquelle on n'a pas fourni les affûts pour monter ses pièces, malgré les différentes demandes qu'elle en ait faite, qui se trouve hors d'état de remplir les ordres que le général Kellermann a donnés, lors de son campement près de cette ville, de faire faire cent mille cartouches puisqu'il n'y a, à l'arsenal, du plomb que pour en faire vingt-cinq mille ; il serait dur, disons-nous, de prétendre que ses habitants doivent voir détruire tous leurs édifices par le feu de l'ennemi ou par les ordres du commandant militaire.

Ne considérez point, nous vous prions, Monsieur, toutes ces observations comme faites par des gens craintifs et qui cherchent à éluder la Loi ; envisagez-les, au contraire, comme partant d'une Commune qui est prête à se sacrifier pour le salut de la Patrie, qui gémit de sa position, de l'oubli dans lequel elle est enveloppée, de ne pouvoir faire valoir des moyens de défense capables de faire repentir l'ennemi de sa témérité, et de ce qu'on ne seconde point le désir qu'elle aurait de concourir à la défection des ennemis de la Patrie.

Nous sommes avec le plus profond respect, Monsieur,

Les Membres composant le Conseil Général de la Commune de Toul, en permanence.

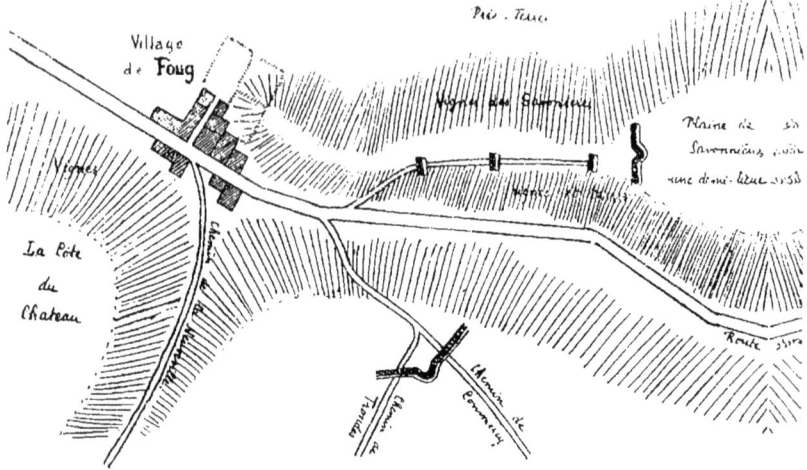

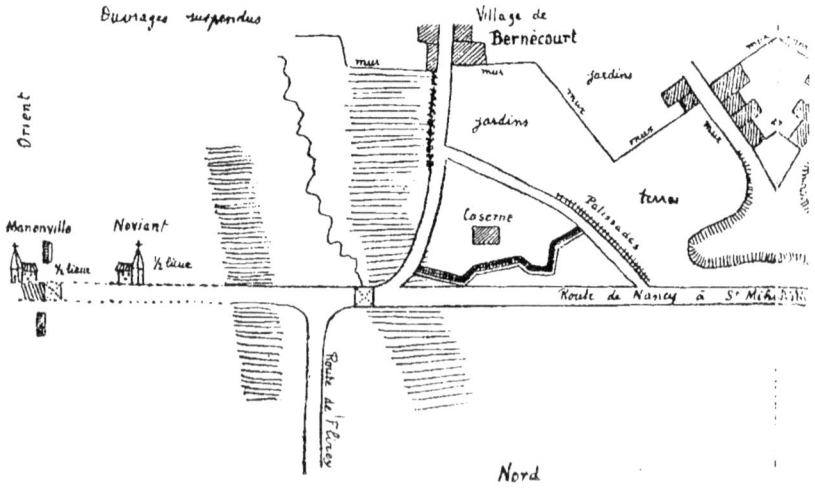

Nous reprendrons, maintenant, le Rapport des Commissaires-Ingénieurs :

Nous nous sommes transportés à Ménil-la-Tour, dont la position peu favorable demanderait trop d'ouvrage ; d'ailleurs, les Citoyens, sans armes, ne nous ont pas paru disposés à se défendre, en cas d'attaque, et nous ont dit ne point connaître les lieux propres à les mettre à couvert.

NOTA. — Les habitants de Foug nous ayant sollicités pour rester un de nous avec eux, afin de faire travailler, sur-le-champ, nous leur avons envoyé, de Toul, un conducteur intelligent, pour faire faire les deux retranchements dont nous avons parlé ci-dessus : le premier d'environ 20 toises de longueur et le second de 30, sur une largeur de 7 à 8 pieds, la butte élevée et dressée de manière à parer le coup de fusil.

Le mardi 4 septembre, nous avons examiné la position de Bernécourt et, quoique peu favorable, les citoyens nous ayant paru bien résolus à se défendre, nous avons remarqué que l'entrée du village, vers Saint-Mihiel, peut être défendue par un chemin couvert de haies ; on pourrait le défendre d'abord derrière la première et ensuite derrière la seconde le long de laquelle on pourrait ouvrir un fossé de 6 pieds de largeur dont la butte couvrirait le soldat. L'entrée de la rue étant barrée par des chariots chargés de fascines, servirait encore de rempart et de retraite, ainsi que les murs des jardins. Quant à l'entrée du côté Nord, nous pensons qu'il faudrait y ouvrir un retranchement de 6 à 7 pieds de largeur, sur une longueur de 25 à 30 toises, qui couvrirait les casernes de la gendarmerie nationale, bâtiment isolé qui pourrait garantir du feu de l'ennemi et suppléer même au retranchement si on ne le juge pas nécessaire. La retraite serait derrière les murs et chariots renversés qui fermeraient l'entrée du village.

Il y avait à Bernécourt 50 fusils, on en a retiré 30, reste 20, environ 10 fusils de chasse et 3 sabres ; il n'y a qu'environ 40 hommes propres à porter les armes.

De Bernécourt, on pourrait se retirer à Noviant, où l'on se défendrait à l'abri des haies et murs de jardins qui sont favorables pour cet effet. Il y a dans ce village 50 Gardes Nationaux et 20 fusils, non compris ceux de chasse.

De Noviant, on se replierait sur Manonville, où il y a
40 Gardes Nationaux et 20 fusils. Pour s'y défendre, il suffirait de barrer le pont qui en est à une portée de fusil, vers
Saint-Mihiel, et d'ouvrir, des deux côtés de la route, un retranchement d'environ 10 toises. La retraite se ferait derrière les haies du village. Ces trois villages : Bernécourt,
Noviant et Manonville forment ensemble une brave compagnie, mais ils n'ont aucune munition.

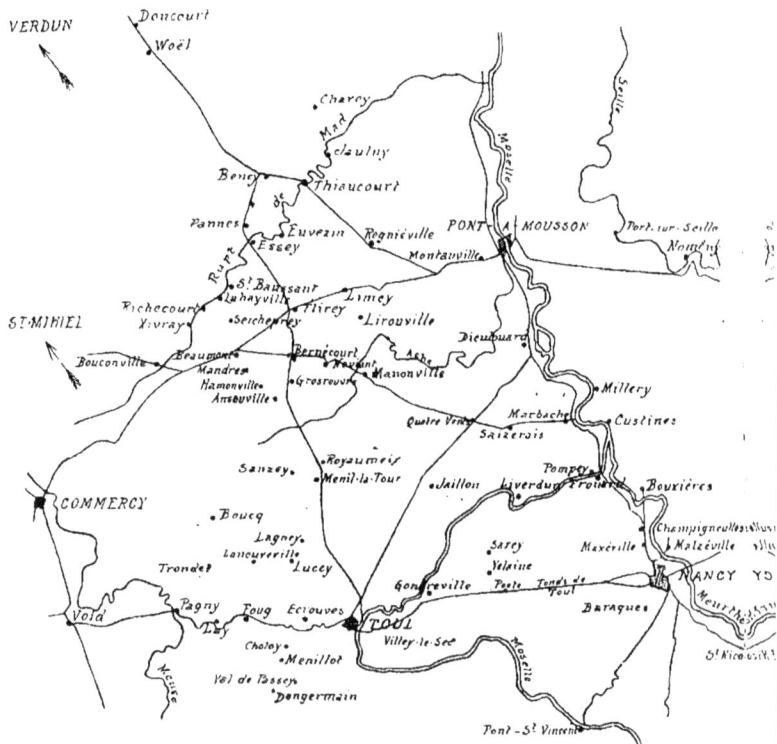

Ansauville, Hamonville et Mandres-aux-Quatre-Tours, sont
à un quart de lieue des bois qui les couvrent vers l'Occident ;
ces villages, ainsi que Grosrouvre, n'ont pas d'autres armes
que quelques fusils de chasse. Beaumont, qui couvre la jonc-

tion des deux routes, sur une plaine fort élevée, exigerait trop de dépenses pour le mettre en sûreté et n'aurait, d'ailleurs, aucune retraite s'il était forcé.

A une demi-lieue de Bernécourt, la route qui conduit de ce village à Flirey, passe entre deux bois où l'on pourrait arrêter l'ennemi, au moyen d'un petit retranchement de chaque côté de cette route ; se retirant ensuite dans les bois.

Plus loin, et à un quart de lieue avant l'entrée de Flirey, la route descend dans une gorge d'où l'ennemi ne se retirerait qu'avec beaucoup de perte, quand même on ne lui opposerait que des forces bien inférieures que l'on placerait sur les hauteurs collatérales et que l'on couvrirait de deux retranchements de chacun 15 à 20 toises de longueur ; la retraite serait assurée dans les bois adjacents. L'embarras des voitures fermerait la route, et une haie épaisse, sur la crête d'un orlet ou talus, défendrait l'attaque du village par le bas. On défendrait aussi l'accès de ce village, par la route de Beaumont, au moyen de deux retranchements, de 10 toises, ouvert entre les deux bois où cette route passe, à un quart de lieue de Flirey.

A une demi-lieue, sur la route d'Essey, on passe, entre deux bois, l'espace de 100 toises environ, et comme on n'a pas laissé de vide entre la route et le bois, peu de monde pourrait défendre ce passage, sans aucun secours de l'art.

A l'entrée d'Essey, sur la droite de la route, il y a un coteau qui la commande ; une embuscade placée sur la hauteur et à la faveur d'un fossé de 4 pieds, arrêterait l'ennemi. L'entrée d'Essey ne se défendrait qu'à l'abri des murs de jardins qui l'environnent de toutes parts, ensuite, on encombrerait le pont qui est au milieu du village.

A Flirey, il y a 50 Gardes Nationaux, 20 fusils de munition et 5 à 6 fusils de chasse. A Essey, il y a 12 mauvais fusils de munition, 4 à 5 fusils de chasse ; il y a environ 90 citoyens en état de porter les armes.

Le ruisseau de May ou Mad, qui descend de Bouconville à Thiaucourt, couvre Lahayville, Saint-Baussant, Essey, Euvezin, Thiaucourt, Jaulny et tous les villages sur les derrières, vers Pont-à-Mousson. En secondant par quelques retranchements faits à propos, cette barrière que nous offre la nature, on sauverait du pillage tous les villages de ce canton. Il y a fort peu de gués sur ce ruisseau et ils sont dangereux ; d'ailleurs, on pourrait aisément les rendre impraticables s'ils ne l'étaient pas.

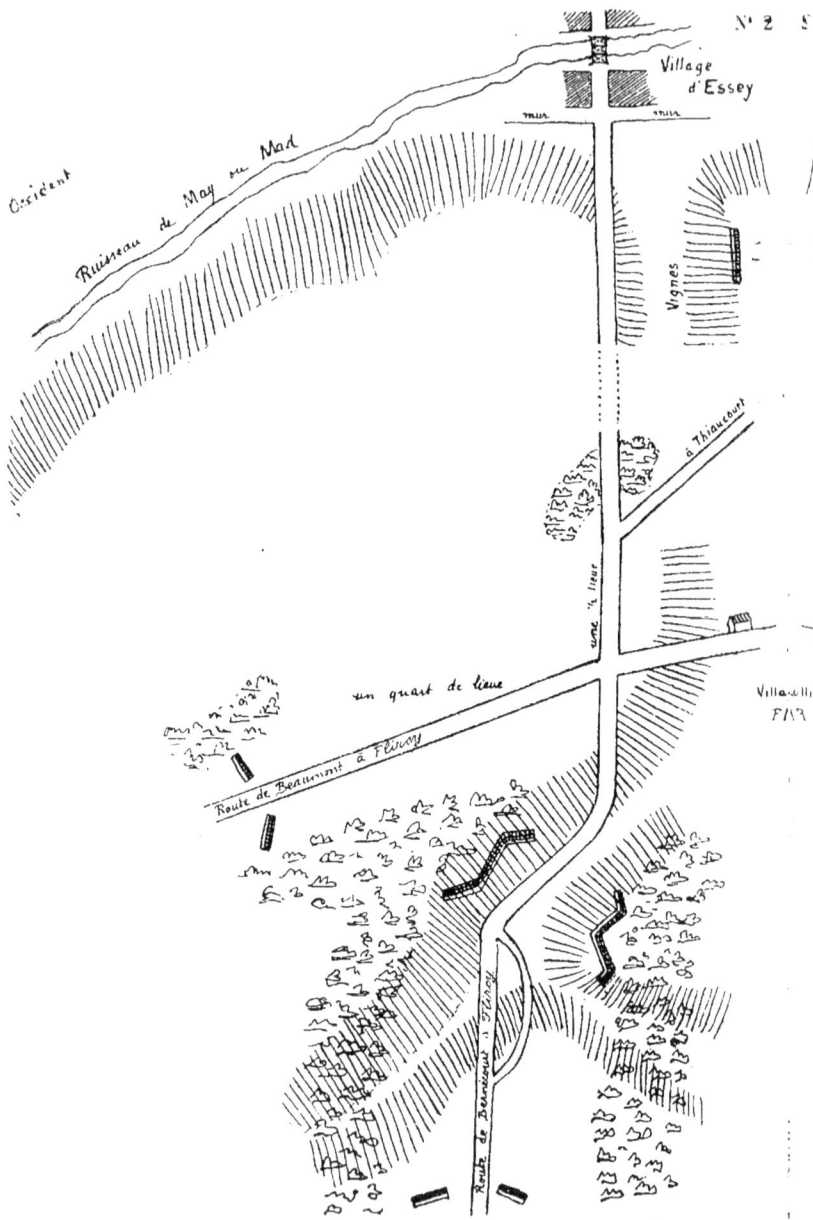

N° 2

Village
d'Essey

Occident

Ruisseau de May ou Mad

Vignes

à Thiaucourt

une ½ lieue

un quart de lieue

Villers...
F...

Route de Beaumont à Flirey

Route de Beaumont à Flirey

Les ponts de Xivray, Richecourt, Lahayville, Saint-Baussant et Euvezin, sont en bois et, par conséquent, faciles à rompre, il suffirait même d'enlever les planches qui couvrent les madriers ; une des arches de celui de Thiaucourt étant en bois, il serait dans le même cas ; celui d'Essey est tout en pierres, il faudrait le rompre ou l'encombrer.

A Seicheprey, il y a 20 fusils, à Noviant 20 fusils, à Lironville 20, à Lahayville 20, à Limey 23, à Beaumont 20, sans y comprendre les fusils de chasse. Si tous ces villages coalisés établissaient une correspondance suivie entre eux et que, résolus à se prêter mutuellement du secours, ils se rassemblassent au signal convenu, ils pourraient se défendre, même d'un gros parti qui voudrait tenter le pasage du Mad, en se portant au pont ou gué qui serait attaqué. S'ils étaient obligés de plier, ils se retireraient sur la hauteur, à l'abri des retranchements qui y seraient pratiqués, et enfin dans les bois, pour dernière retraite.

Messieurs les Officiers Municipaux et Commandants de la Garde d'Essey, nous ont assuré qu'ils se concerteraient, à cet égard, avec les Communes qui les avoisinent ; mais il faudrait l'unanimité, et celles des Communes qui montrent des dispositions guerrières, sont bientôt arrêtées par les réflexions froides et pusillanimes de leurs voisins.

Thiaucourt, quoique dans une position favorable pour arrêter un parti considérable, a fait l'arrêté de ne pas résister aux partis ennemis. Nous joignons, au présent, copie de cet arrêté. Cependant, ils ont au moins 100 fusils, ils montent la garde nuit et jour, font des patrouilles, à pied et à cheval, dans les dehors et même au loin de leur ville. Et pourquoi ? à moins que ce ne soit pour être instruits qu'à telle heure ils se rendront !

Voici l'arrêté dont il est question :

SÉANCE PERMANENTE DU CONSEIL GÉNÉRAL DE THIAUCOURT
DU 4 SEPTEMBRE 1792.

Messieurs les Commissaires envoyés par Messieurs les Administrateurs du Département de la Meurthe, ont déposé, sur le bureau, copie d'une lettre du Ministre de l'Intérieur, en date du 27 août dernier, ainsi que l'expédition du procès-verbal des dits sieurs Administrateurs, du 31 du même mois, tendant à ce que chaque commune de leur arrondissement se mit, par tous les moyens que leurs localités peuvent permettre, en état d'empêcher l'invasion de leur territoire de la part de l'ennemi qui, dans ce moment, occupe une grande étendue de l'intérieur en deçà des frontières.

Lecture de tout ayant été donnée, il a été arrêté que Messieurs les Administrateurs seront assurés que la Commune de cette ville, brûlant du plus pur patriotisme qu'elle a constamment manifesté, voit avec peine que sa situation la met hors d'état d'opposer de la résistance à un nombre quelconque d'ennemis, vu que les détachements qu'ils envoient journellement dans les environs, pour faire contribuer les habitants, sont toujours soutenus et suivis par des pelotons considérables, de manière que la résistance, loin de produire aucun effet utile, ne ferait que rendre inévitable la ruine totale de la Commune qui tenterait de s'y opposer ; qu'après les précautions qu'elle a prises de fermer toutes les avenues de cette ville, qui pouvaient en favoriser l'entrée aux brigands, elle a fait tout ce que les circonstances peuvent lui permettre ; déterminée à se réunir, si le besoin de la Patrie l'exige, pour empêcher de nouvelles invasions, lorsque les Troupes de ligne et les Volontaires seront eux-mêmes réunis et donneront contre l'ennemi, en déployant toute leur force et toute leur activité, seul moyen de ranimer l'énergie et le courage des campagnes.

Fait, présents MM. Collot, maire, Paquant, Génin, Thirion, Pierson, Briand, soussignés, avec le Procureur de la Commune préalablement ouï, et M. Riffaut, Commandant en chef du Bataillon du Canton, qui a été appelé à cette séance.

Il est évident que les Commissaires-Ingénieurs ont été mal reçus par Thiaucourt, ce qui explique leur sévérité à son égard, mais, dans la suite, cette Commune n'a pas mérité leurs reproches, car elle a contribué, comme ses voisines, à la défense du Département.

Le Plan général de défense continue comme suit :

Beney a 27 fusils, tant de munition que de chasse, on y monte exactement la garde ; ils sont hors des limites du Département, nous ignorons leurs intentions.

L'entrée de Regniéville ne pourrait se défendre que par les murs d'un clos qui est sur la hauteur, à droite de la route, et par une haie d'environ 25 toises de longueur, qui est à gauche et qu'on pourrait fortifier par la butte d'un fossé de 6 pieds.

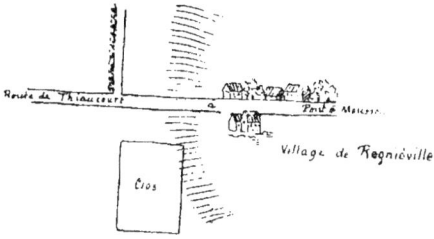

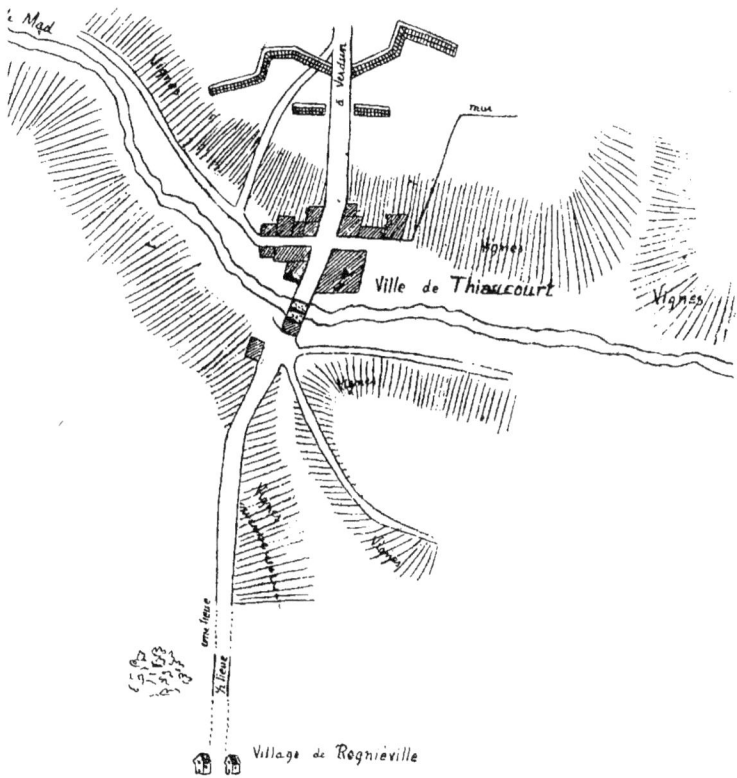

4

Arrivés à Pont-à-Mousson, nous avons trouvé que partie de notre armée du Rhin y était campée, au nombre d'environ 10 mille.

Nous étant rendus, mercredi 5 septembre, à la permanence du District, MM. les Administrateurs nous ont dit qu'ils ne connaissaient pas de meilleur point de défense que le ruisseau de May dont nous avons parlé plus haut, et la tour de Port-sur-Seille qui appartient à M. de Ludre et qui commande un pont sur la Seille, passage important qu'elle pourrait défendre; mais comme cette tour est propriété particulière, nous n'avons pas cru être en droit de l'aller visiter, encore moins d'en disposer, sans être munis d'une commission *ad hoc*. Ces Messieurs nous ont dit qu'ils ne connaissaient, par la route de Metz, aucun lieu qu'il fût nécessaire ni même utile de fortifier. Nos armées, d'ailleurs, étant de ce côté, nous n'avons pas cru devoir y aller.

Faisant route de Pont-à-Mousson à Nancy, nous avons remarqué qu'une batterie, placée au château de Dieulouard, arrêterait l'ennemi. Nous avons pareillement remarqué qu'une batterie, à la pointe de la montagne de l'Avant-Garde, vis-à-vis Marbache, arrêterait une armée, quelque forte qu'elle fût, pourvu que l'on eût de l'infanterie placée dans la forêt de l'Avant-Garde ; et si l'ennemi tournait une partie de cette forêt, pour en tenter le passage par la grande tranchée qui la traverse, outre les difficultés qu'on lui opposerait dans cette traversée, une batterie placée sur les ruines du château de Pompey, l'arrêterait au débouché. Une autre batterie sur la hauteur de Frouard ferait aussi un très grand effet.

Quant à la route de Toul, par les bois de Haye, nous pensons qu'il n'est pas possible que l'ennemi tente jamais ce passage sans perdre beaucoup de monde. Dix mille hommes bien commandés et bien postés en défendraient le trajet à la plus grande armée. Pour cela, nous pensons qu'il serait à propos de faire, en deçà de chacun des ponts, plusieurs retranchements de chaque côté de la route, couper les ponts et les encombrer, enfin, placer deux batteries à chaque pont pour en éloigner l'ennemi. Si, pour éviter toutes ces difficultés, l'ennemi dirigeait sa marche du côté de Villey-le-Sec, pour entrer dans la forêt, ce serait éviter Charybde pour tomber en Scylla, car par le moyen des abatis et des retranchements faits dans les routes de chasse, qui percent la forêt, et sur la crête des gorges profondes qu'on y trouve à chaque pas, il ne pourrait s'en tirer qu'avec une perte con-

Poste

Velaine

Sevey

y la Sec.

Route Renard

Route Neuve

Route Anne Verpus

Route de Ville

Route de Chaligny

Route de Chaligny

Route de Liverdun

Route des Nocs

Route

de

Fernand

Iseru

Route Malemontre

La Malgerre

Route de

Route de Champigneulles

sidérable. On ne peut, d'ailleurs, côtoyer la forêt qui touche à la Moselle, vers le Midi, par le canton dit la Brocatte, qui est impraticable. Au contraire, s'il dirigeait sa marche du côté de Velaine et Sexey-aux-Bois, il ne trouverait pas moins d'obstacles, car la forêt touche également de ce côté à la Moselle par les bois de Liverdun coupés de gorges affreuses. D'ailleurs, les tranchées de chasse dans cette partie, excepté celle de Champigneulles, n'étant pas parallèles à la grande route, ne pourraient le rapprocher de Nancy. Il nous paraît donc évident qu'au moyen d une correspondance exacte avec Toul et Pont-à-Mousson, il serait impossible que l'ennemi puisse surprendre Nancy de ce côté.

Pour nous résumer, il suit de l'examen que nous avons fait des lieux, que, pour se garantir d'une invasion partielle dans le département, il serait essentiel :

1° De construire une redoute, ou du moins d'établir une batterie, à Foug, et d'y envoyer une demi-compagnie de canonniers de la ville de Toul, tant pour le service du canon que pour soutenir le courage et le zèle des habitants. (*Voir croquis n° 1*);

2° De joindre quelques retranchements à ceux que la nature a déjà faits, au coupe-gorge qui est entre Bernécourt et Flirey, et faire des retranchements, entre les deux bois, sur la route de Flirey à Beaumont. (*Voir croquis n° 2*);

3° Faire des retranchements sur la hauteur de Thiaucourt, afin d'arrêter l'ennemi venant de Verdun par Beney. (*Voir croquis n° 3*);

4° Faire quelques retranchements sur la crête du coteau oriental du ruisseau de May ;

5à Pour couvrir Nancy, il faut des retranchements en deçà des deux ponts (des Fonds-de-Toul) et des batteries pour les défendre ; en cas d'attaque, on couperait le dernier pont vers Toul, afin d'arrêter quelque temps l'artillerie ennemie s'il y en avait. Il faudrait couper toutes les routes de chasse et faire des retranchements à la lisière de la forêt du côté de Toul (*Voir croquis n° 4*). Il faudrait enfin dresser des batteries à Marbache, Pompey et Frouard.

Toutes ces mesures, sans doute, seraient utiles et nécessaires, mais ce n'est pas assez que d'avoir des retranchements et des murs, il faut des hommes, des armes et des munitions. Il faut une correspondance établie entre toutes les Communes d'un canton, qui seraient d'intelligence entre elles pour se secourir mutuellement. Il faudrait plus encore, il faudrait un chef dont la prudence et l'habileté dirigeassent leurs forces, il leur faudrait même quelques escouades de volontaires qui, toujours en activité, leur donneraient l'exemple, les détermineraient au mouvement et soutiendraient leur courage. Car enfin, il ne faut pas se le dissimuler, la présence de l'ennemi intimide les esprits et jette la terreur dans toutes les campagnes, et la crainte du pillage et du feu fait préférer la fuite à la résistance. Le citoyen le plus déterminé qui, dans des circonstances heureuses, calculait les forces dont il était environné et s'appuyait fièrement sur ses armes, s'ébranle et recule épouvanté dès qu'il voit son voisin prendre la fuite ; dans ce moment de crise, son courage l'abandonne et l'espoir de la victoire fait place à la terreur. L'habitant des campagnes est courageux, il aime la Constitution, il la défendrait s'il était conduit et soutenu ; sans cette précaution, ses armes lui deviennent inutiles et sont perdues pour la défense de la Patrie.

Fait et rédigé à Nancy, cejourd'hui, 9 septembre 1792.

VALORY, SAUNIER, LE CREULX.

Au rapport se trouvent joints des tableaux que nous ne reproduirons pas en entier parce que leurs calculs ne sont pas clairs et qu'il s'agit de projets incomplètement exécutés.

Les Commissaires-Ingénieurs divisent la défense en quatre postes : 1° des Ponts-de-Toul (lieu dit, aujourd'hui, les Fonds-de-Toul, depuis que les ponts n'existent plus) ; 2° de Foug ; 3° du Rupt de Mad ; 4° de Marbache et Frouard. Ayant évalué le nombre d'hommes de garde nécessaire, les Commissaires affectent à chaque poste les hommes armés de plusieurs cantons, de manière qu'un effectif déterminé fournira la garde journalière. (*Voir tableau suivant*). Ainsi les postes des Ponts-de-Toul nécessitant 106 hommes de garde, demanderaient un effectif de 106 multiplié par 30, soit 3180, pour une garde par mois. Par suite, 4950 déjà trop élevé pour une garde mensuelle d'un jour, l'est beaucoup trop pour une garde mensuelle de deux jours. De même 55 hommes de garde, pour Foug, exigent un effectif de 1650 et non de 2000 trop fort :

POSTES DES PONTS DE TOUL

	Cantons	Hommes arm's
DISTRICT DE NANCY	Lénoncourt	150
	Saint-Nicolas..........	300
	Rosières	300
	Pont-Saint-Vincent	200
	La partie du canton de Nancy séparée par la route de Moyenvic ...	250
	La Ville de Nancy.....	1.500
		2.700
LUNÉVILLE	Crévic...............	200
	Einville.............	200
	Blainville........ ...	200
	La partie de Lunéville séparée par la Meurthe.	250
	La Ville de Lunéville....	600
		4.150
Vézelise	Pulligny......... ...	200
	Neuviller.	200
	Vézelise..	400

On suppose 20 fusils, l'un portant l'autre, par commune. Le nombre de 4.950 hommes destinés à la défense des ponts de Toul n'est pas exagéré : en formant tous les jours la garde de ces ponts de 106 hommes qui camperaient deux jours, les citoyens n'auraient qu'une garde à monter par mois.

ARTILLERIE

16 hommes d'artillerie de garde ;
2 pièces de huit ;
2 pièces de quatre.

NOTA. — Des servants seront pris dans la garde, en cas d'événement.

4.950 hommes destinés à la défense des ponts de Toul ;

106 hommes de garde :

RÉCAPITULATION

	Hommes armés	Gardes des Postes
Ponts de Toul........	4.950	106
Foug	2.000	55
Rupt-de-Mad	2.100	82
Marbache et Frouard..	1.900	85
	10.950	328 hommes tous les jours.
Hommes d'artillerie...	200	
TOTAL....... ..	11.150	

82 hommes de garde, pour le Rupt-de-Mad, exigent un effectif de 2640 et non de 2100, trop faible, etc.. Aussi nous avouons ne pas comprendre les chiffres du premier tableau.

Dans un second tableau (non reproduit), les Commissaires-Ingénieurs calculent la solde des 328 hommes de garde, s'élevant à 295 livres 4 sous par jour, 8.856 livres par mois de trente jours, à raison de 18 sous par jour. Mais ils ne tiennent pas compte des différentes soldes des gradés qui toucheraient, selon eux, autant que les hommes.

Enfin, dans un troisième tableau, les Commissaires évaluent la dépense totale des objets de campement nécessaires aux 328 hommes de garde à 4100 livres 10 sous.

EFFETS DE CAMPEMENT POUR LES 328 HOMMES DE GARDE

	Livres	Sous	Livres
50 gamelles............ ..	2	14	108 pour 40 gamelles.
50 bidons à l'eau	4		160 pour 40 bidons.
50 bidons.............		18	36 pour 40 bidons.
Ces objets sont en fer blanc			
400 cuillers en fer.......		10	200
40 marmites en tôle.....	8		240 pour 30 marmites.
60 fourchettes en fer....		8	24
30 cuillers à pot, en bois		5	7 10 sous.
100 gobelets en fer blanc.		9	45
			820 10
41 tentes à..	80		3.280
			4.100 10

Comme nous l'avons dit plus haut, le Plan de Défense fut présenté, au Conseil de la Meurthe, pendant la séance du 10 septembre 1792.

Le Procureur Général Syndic voudrait qu'une Commission fût nommée pour examiner le travail des Ingénieurs, mais sa proposition n'est pas écoutée. Le Conseil, vu l'urgence, adopte le Plan proposé et invite son Comité des Rapports, à se réunir aux Commissaires et aux Commandants des Volontaires et Gardes Nationaux, pour se con-certer sur le mode d'exécution.

Le soir du même jour, le Comité des Rapports et de la Correspondance rapporte le programme suivant :

MESURES DE SÛRETÉ GÉNÉRALE

1° Réquisition de la force armée. Proclamation solennelle des peines portées contre ceux qui refuseront d'obéir ;

2° Convocation générale des Citoyens armés, par canton, dans les Chefs-lieux des Districts ;

3° Nomination d'un état-major composé d'un Commandant général, deux Adjudants généraux, trois Aides de camp et quatre Commandants à poste fixe dans les lieux qui vont être mis en état de défense ;

4° Formation des compagnies, des bataillons, légions, dans les cantons les plus à proximité des différents points de dé-fense. Election des officiers en état de commander. Exercice forcé, trois fois par semaine, pour tous les Citoyens qui ne sont pas instruits ;

5° Distribution des piques et pistolets dans les cantons à proximité des postes où ces armes seront utiles à leur défense ;

6° Les Bataillons de Volontaires, ceux des Gardes Natio-nales éloignés des points de défense, mis en état de perma-nence, à la disposition de l'état-major ;

7° L'artillerie, les munitions de guerre en général, mises à la disposition de l'état-major. Ordre aux gardes-magasins des arsenaux de Nancy, Toul et Marsal, d'obéir à sa réquisi-tion ;

8° Concert général entre les Municipalités pour la distribu-tion des travaux ; des patrouilles de nuit, pour entretenir une correspondance active entre les postes, l'état-major et les administrations ;

9° Trois Commissaires pris dans le sein du Directoire du Département pour visiter les travaux et obvier aux inconvé-nients que l'on n'aurait pas prévus ;

10° Formation de quatre compagnies d'artillerie de cin-quante hommes chacune, levés dans les cantons les plus à proximité des postes défendus par l'artillerie ;

11° Réunion à la gendarmerie de deux hommes à cheval par canton et d'un plus grand nombre dans les villes. Le service se ferait journellement à tour de rôle. Ces hommes complèteront les brigades les plus à proximité de leur canton, et seront armés seulement de sabres et pistolets. La gendarmerie sera en réquisition permanente aux ordres de l'état-major ; elle fournira journellement une brigade à chaque poste pour maintenir la police, aller à la découverte et requérir des secours au besoin ;

12° Effets de campement pour trois ou quatre cents hommes ; suppléer aux tentes par des baraques de planches ;

13° Ateliers pour la manufacture d'un nombre considérable de cartouches et gargousses dans les villes de Nancy et de Toul ;

14° Chariots de transports pour les outils et munitions de guerre. Les citoyens de service, avant d'aller relever les postes, feront les chargements et accompagneront les convois ;

15° Pour alléger la dépense des travaux, les hommes de garde y procéderont ; on ne requerra d'autres ouvriers que dans le cas où le nombre ne serait pas suffisant ;

16° La garde campera dans les postes ; elle amènera des provisions de bouche pour quatre jours, après lesquels elle sera relevée à cinq heures du soir ;

17° Chaque poste aura un drapeau arboré sur l'affût d'un canon, la mèche allumée ;

18° Nommer six inspecteurs pour veiller à la coupe des bois, présider à l'avancement des travaux et à la sûreté des outils.

Immédiatement le Conseil de la Meurthe approuve l'ensemble de ce programme et il a soin d'ajouter (Procès-verbal du 10 septembre 1792) : « Bien entendu que toutes les opérations, le Commandant général et ceux qui serviront sous lui, seront entièrement subordonnés au Chef Militaire qui a le droit de donner des ordres aux Troupes et Gardes Nationaux du Département. »

Ces mesures de défense étaient-elles justifiées ? On pourrait en douter aujourd'hui que l'on connaît la succession des événements, mais nous remarquerons que les généraux partageaient les inquiétudes des Administrateurs de la Meurthe. Voici, par exemple, ce que Dumouriez écrivait le 7 septembre, de Grand-Pré, au Ministre de la guerre Servan : « Votre lettre du 5, que je reçois en ce moment, ne change rien à mon opinion sur la marche

des Prussiens. Je vous dirai plus : c'est que je crois que
leur projet actuel n'est pas de marcher sur Paris, mais
bien de prendre Metz et Nancy, et d'hiverner dans la
Lorraine et les Evêchés. »

Nous étudierons dans le chapitre suivant l'exécution du
Plan de défense, mais, auparavant, nous devons donner
deux documents intéressants antérieurs de quelques jours
au 10 septembre. Le premier est relatif à l'un de ces bruits
les plus alarmants et les plus fantaisistes qui continuent
à circuler dans le Département ; le second indique les
dispositions prises par le Conseil de la Meurthe pour la
transmission rapide des nouvelles contrôlées.

LETTRE

AUX ADMINISTRATEURS DU DISTRICT DE VÉZELISE.

Nancy, le 5 septembre 1792,

L'an IV de la Liberté et de l'Egalité le 1er.

Messieurs,

Vous aurez peut-être appris que l'ennemi s'est porté hier
sur la ville de Toul et que la communication entre cette ville
et Nancy se trouvait interceptée. Rassurez-vous, Messieurs,
ainsi que tous vos concitoyens ; tout est fort tranquille dans
cette partie, et si la générale et le tocsin ont été entendus hier
matin dans la ville de Toul, ce n'est nullement l'approche de
l'ennemi qui l'a occasionné, mais bien des malintentionnés
qui, dans l'espoir de jeter le trouble sur la foire pour la piller,
ont jeté l'alarme et répandu le bruit que l'ennemi était aux
portes.

Nous sommes en correspondance suivie avec Toul, Pont-à-
Mousson et lieux circonvoisins ; nous serons instruits très
exactement des marches de l'ennemi, et nous nous empresse-
rons de vous en faire part.

*Les Administrateurs du Conseil du Département
de la Meurthe.*

EXTRAIT

Le Conseil du Département, considérant que dans ces moments de crise, l'incertitude des hasards de la guerre plonge les citoyens dans les inquiétudes les plus cruelles ; que l'imagination s'exagère plus les revers que les succès, et que ces exagérations de malheur jettent dans un découragement fâcheux ; considérant qu'il est du devoir des Corps administratifs de déjouer les projets des malveillants qui se plairaient à répandre de fausses alarmes ; pénétré de la nécessité de pouvoir, à chaque instant, transmettre la nouvelle des événements heureux ou malheureux qui intéressent les Français : qu'il est digne, aussi, de leur sollicitude, de prévenir leurs administrés de l'approche des partis ennemis ; persuadé que le zèle, le patriotisme des Gardes Nationales, leur intérêt propre, les porteront à seconder un projet dont ils profiteront les premiers, puisqu'ils seront avertis des dangers réels et prémunis contre les faux bruits répandus pour les inquiéter, le Procureur Général Syndic ouï, a arrêté.

Qu'il sera établi une correspondance permanente entre le chef-lieu de la Meurthe et les villes qui l'environnent, par le moyen de la Garde Nationale des communes situées sur les routes ; qu'à cet effet il y aura toujours, dans chaque commune, un homme de service prêt à se rendre au poste indiqué dans le tableau ci-dessous ; charge les Municipalités de donner toutes les réquisitions nécessaires pour que cette correspondance soit servie avec l'exactitude et la célérité que commandent les circonstances ; le Conseil assurant que, ne voulant pas occasionner aux citoyens des démarches inutiles, il n'emploiera ce moyen de communication que pour transmettre des nouvelles sûres dont il importe que la connaissance ne soit pas retardée.

DE NANCY A ÉPINAL

Les avis intéressants seront transmis de Nancy à Épinal par des Gardes Nationaux. Le garde national de service à Nancy portera les dépêches qui lui seront confiées, à Heillecourt, celui d'Heillecourt à Richardménil, celui de Richardménil à Flavigny, de Flavigny à Crévéchamps, de Crévéchamps à

Neuviller (ou Chaumont), de Neuviller à Bainville-aux-Miroirs, de Bainville à Gripport et de Gripport à Socourt.

Dans le département des Vosges, les Gardes Nationaux se trouveront également prêts à partir pour Charmes, Nomexy, Thaon, Epinal, ainsi qu'il est réglé par l'arrêté du Conseil des Vosges, en date du 25 août.

Les missives des Vosges arriveront par le même moyen ; elles seront portées à Gripport, de là, à Bainville, Neuviller, etc. Ou bien : de Nancy à Heillecourt, de Heillecourt à Richardménil, de Richardménil à Flavigny, de là, à Ceintrey, Vézelise, Saint-Firmin, Diarville, et enfin Poussey, dans le département des Vosges, où des Gardes Nationaux se trouveront prêts à partir pour Mirecourt et, de là, à Epinal.

Pour ne pas surcharger la petite commune d'Heillecourt, son service sera partagé avec celle d'Houdemont et, semaine par semaine alternativement, ces deux communes fourniront le garde national porteur des dépêches ; elles instruiront de leur arrangement les Municipalités de Nancy et Richardménil, afin que celles-ci sachent où elles doivent envoyer les paquets.

DE NANCY A STRASBOURG

La correspondance de Nancy à Strasbourg se fera par la poste autant que possible et, dans les cas très urgents, par des Gardes Nationaux qui porteront les dépêches de Nancy à la Neuveville, de la Neuveville à Saint-Nicolas, de Saint-Nicolas à Dombasle, de Dombasle à la maison (de poste) d'Anthelupt et, de là, à Lunéville.

Hudiviller, Deuxville et Vitrimont fourniront alternativement un garde pour aller à Lunéville ou à Dombasle.

· De Lunéville à Saverne, il y a des villages de lieue en lieue; les Directoires des districts de Lunéville et Blâmont désigneront les lieux où il conviendrait le plus d'établir un entrepôt.

DE NANCY A BAR

Pour la correspondance de Nancy à Bar, les postillons seront autorisés à porter les paquets et à se les transmettre.

Les Directeurs des Postes seront chargés de veiller à ce que ce service se fasse exactement ; les postillons de Velaine porteront à Nancy les paquets qu'ils recevront de Toul, et à Toul ceux qu'ils recevront de Nancy, et ainsi successivement.

A l'instant de l'arrivée, au corps de garde, d'une dépêche adressée au Conseil Général d'un Département, District ou Commune, le garde national, en tour de marcher, partira pour le poste voisin et ainsi successivement, sans que cette correspondance puisse être interrompue, attendu qu'elle n'aura lieu que pour des occasions qui exigent célérité.

Le présent arrêté sera affiché dans les Corps de garde de toutes les communes ci-dessus dénommées et mis à l'ordre par les chefs des Gardes Nationales, sous la surveillance des officiers municipaux qui rendront compte de son exécution. Pareilles copies seront adressées aux Conseils des Départements voisins, avec invitation de prévenir le Conseil du Département de la Meurthe, des mesures qu'ils auront prises pour lier la correspondance établie par le présent arrêté.

IV

TRAVAUX DE DÉFENSE

Nominations des Commissaires-Ingénieurs ; de l'Etat-Major de la Défense
(L. 70) — Délibérations du Conseil de la Meurthe (L. 70) — Postes de
Foug ; lettre de Valory (L. 411) — Postes du Rupt-de-Mad (L. 411) —
Postes de Frouard ; rapport des Commissaires : défense de Nancy du
côté de Frouard (L. 411) — Postes des Fonds-de-Toul ; projet de dé-
fense pour les abords de la Ville de Nancy (L. 411) — Lettres du Prési-
dent de la Convention, du Ministre de l'Intérieur, de Kellermann (L. 411)
— Projet d'organisation défensive du nord-est du département (L. 411).

Dès le 10 septembre 1792, le Conseil de la Meurthe
nomme, pour diriger les travaux, MM. Le Creulx pour
les postes des Fonds-de-Toul et de Marbache et Frouard ;
Saunier pour les postes de Bernécourt et du Rupt-de-Mad;
Valory pour le poste de Foug.

Le même jour, le Conseil arrête que les Chefs de Légion
de Gardes Nationaux et les Commandants de Bataillon de
Volontaires Nationaux se réuniront pour nommer un
Commandant général des Postes de défense. Il décide, en
outre, que les Gardes Nationaux requis pour le service
des Postes de défense recevront, conformément à la Loi,
le même traitement que les Volontaires Nationaux, et
enfin il délègue MM. Thomassin et Collière pour s'occuper des différents effets de campement nécessaires aux
Gardes de service dans les Postes.

Le 12 septembre, d'une part les officiers de la Garde Na-
tionale : MM. Fleury, Chef d'une des trois Légions de
Nancy ; Rasquinet, Chef de la Légion de Pont-à-Mousson;
Boulligny, Chef de la Légion de Toul ; Curien, Chef de
la Légion de Lunéville ; Jeanscing, Chef de la Légion de
Château-Salins ; Jeandel et Marin, Adjudants généraux

de la Garde Nationale de Nancy; Menet et Siess (1), Capitaines de la Garde Nationale de Vézelise, et d'autre part
les Officiers des Bataillons de Volontaires : MM. Thierry,
Lieutenant-Colonel du 9e Bataillon ; Patissier, Lieutenant-
Colonel en 1er et Hussenet, Lieutenant-Colonel en 2d du
8e Bataillon ; Jordy, Lieutenant-Colonel du 10e Bataillon,
se réunissent, sur l'invitation du Conseil de la Meurthe et
nomment l'un d'entre eux, le Citoyen Rasquinet, Commandant général des Postes de Défense du Département.

La Loi du 10 juin 1790 (Décret du 8 juin) prescrivait
que personne ne pourrait avoir le commandement de toutes les Gardes Nationales d'un Département, aussi le Conseil de la Meurthe, après avoir approuvé l'élection de
M. Rasquinet, aura-t-il soin de spécifier, le 13 septembre,
que le Commandant Général des Postes de défense commandera les Volontaires et Gardes Nationaux chargés
d'occuper ces postes, mais ne commandera pas les Légions
du Département.

Le Commandant général Rasquinet, et non le Général
Rasquinet, comme le qualifieront certains documents,
nomme trois Adjudants généraux : MM. Valory, pour le
district de Toul, Fromental pour le district de Nancy, et
Humbert pour le district de Pont-à-Mousson. Le Conseil
de la Meurthe ratifie ces nominations le 13 septembre.

Les Commissaires-Ingénieurs et cet Etat-Major de la
Défense vont s'occuper, en premier lieu, des travaux
à exécuter.

Le Commandant général « ayant calculé qu'il serait
plus économique et plus expéditif de prendre, dans les
premiers moments, des hommes à la journée qui travail-
leraient du matin au soir, que d'employer des Volontaires
ou Gardes Nationaux qui avaient encore plus besoin de
s'instruire à manier les armes que la bêche », rendit
compte, au Conseil de la Meurthe, que son intention était
de ne garnir les postes qu'à mesure qu'ils seraient mis en
état de défense.

(1) Élus Chefs des 2e et 1re Légion, de Vézelise, le jour même, 12 septembre 1792.

Le Conseil, dans sa séance du 13 septembre, approuve cette disposition. Il prescrit de prendre des précautions dans l'exécution des abatis et invite les Officiers de maîtrise des eaux et forêts, à désigner des Gardes qui renseigneront sur la manière de causer le moins de dommage possible.

Les travaux furent exécutés conformément au Plan de Défense qui subit, cependant, quelques modifications importantes que nous signalerons.

Postes de Foug. — Les travaux commencent le 17 septembre, d'après les ordres du citoyen Valory, qui est en même temps Directeur des travaux et Adjudant Général de la défense.

On lit dans une lettre, du 29 septembre, adressée par Valory au Conseil de la Meurthe :

« Le retranchement de la côte de Savonnières est entièrement achevé ; il est flanqué de deux batteries pour pièces de siège qui promettent un grand effet. Mes ouvriers sont actuellement occupés à creuser, vers la pointe de Lay, un polygone que je nomme la « République ». Cet ouvrage est le plus essentiel, en ce qu'il domine la route de Paris, à l'entrée du village, ainsi que les marais qui sont un obstacle à l'ennemi qui tenterait de tourner les postes ; il bat de tous côtés la plaine de Savonnières, protège le retranchement de la côte et ceux-ci (les postes) sont soutenus de la batterie de la montagne du château. Le polygone pourra recevoir, au besoin, douze pièces de siège ; sa disposition et celle des autres batteries, rendent inaccessible la gorge de Foug ; mais il y manque quelque chose, une vétille, l'artillerie enterrée dans les parapets de Toul ! »

Les ouvrages de Foug terminés et garnis d'artillerie le 7 octobre, furent évacués le 15 octobre. Ils ont coûté la somme totale de 1593 livres.

Postes du Rupt-de-Mad. — D'après les pièces de dépense relatives à la défense du Département, seuls documents qui nous renseignent sur la construction des ouvrages, il a été dépensé :

Pour les postes de Thiaucourt.... 1388 l. —
Pour les postes de Montauville.... 51 l. 19 s.
Pour les postes de Flirey......... 489 l. 6 s.

Aux Quatre-Vents, carrefour de la route de Dieulouard à Toul, et de la route de Marbache à Saint-Mihiel par Bernécourt, on a trouvé la roche à deux pieds de profondeur. Ce point n'a donc pas été fortifié et les premiers travaux n'ont coûté que 15 livres.

Les postes de Thiaucourt comprennent un ouvrage au delà du pont et la barricade du pont (*Voir le croquis n° 3*). Les postes de Montauville n'ont pas été prévus par le Plan de Défense, ou plutôt on reporte plus en arrière la défense de Regniéville et l'on construit deux ouvrages à la côte Saint-Pierre, bifurcation de la route Pont-à-Mousson-Commercy par Flirey et de la route Pont-à-Mousson-Thiaucourt par Regniéville.

Les postes de Flirey comprennent deux ouvrages (*Voir le croquis n° 2*), le premier sur la route du Sud de Flirey à Bernécourt, le second sur la route du Sud-Ouest de Flirey à Beaumont. On a renoncé à la défense de Bernécourt.

Enfin, si on n'a rien dépensé pour les travaux préconisés, à Essey, par le plan de Défense, Essey a été occupé par un poste qui n'a pas manqué de barricader le pont.

En résumé, dans le district de Pont-à-Mousson : une première ligne de défense formée par le Rupt-de-Mad, limite du Département, avec deux postes principaux à Essey et Thiaucourt ; en seconde ligne, sur la route de Commercy à Pont-à-Mousson, deux points de défense principaux à Flirey et à la Côte Saint-Pierre (ou Montauville).

Postes de Frouard et de Marbache. — Comme nous l'avons remarqué, les Commissaires-Ingénieurs, conformément aux instructions du Conseil de la Meurthe, avaient surtout envisagé, dans le Plan de Défense, l'organisation défensive des limites du Département. Un peu plus tard, on s'occupa d'étudier la défense des abords de Nancy. L'ingénieur en chef des Ponts et Chaussées du Département, M. Le Creulx, Directeur des travaux de

5

défense dans le District de Nancy, après avoir conféré avec le maire de Nancy, établit le rapport suivant :

Nous nous sommes transportés, le mercredi 12 du présent mois de septembre, à Frouard, accompagnés de MM. Patissier, chef du 8º bataillon de la Meurthe et commandant à Nancy ; Mathieu, capitaine du 9º bataillon de la Meurthe, et Charpentier, officier instructeur d'artillerie, où étant arrivés et ayant visité ce poste, il a été reconnu susceptible d'une défense très avantageuse, et avons estimé que, pour opérer cette défense, il convenait y établir un poste de 80 hommes pour être prêts et disposés pour tous les événements, lequel poste, suivant le besoin, serait augmenté et fortifié suivant la volonté et les ordres du commandant en chef ; qu'il conviendrait, pour en assurer la défense, y employer deux pièces de canon, l'une pour tirer à boulets et l'autre à mitraille. Nous avons, après avoir étudié le local, reconnu un point avantageux pour placer la batterie à boulets, qui enfile, sur une bonne étendue, la route venant de Pont-à-Mousson par Marbache, et qui bat, en même temps, la rampe du chemin de l'Avant-Garde sous le château de Pompey, qui sont les deux seules issues par où l'ennemi peut arriver. Ce point offre, d'ailleurs, des abris voisins pour la défense du canon et un chemin sûr pour sa retraite. Ensuite, nous avons reconnu un autre point, au bout de l'avenue de Frouard, propre à placer un canon pour tirer à mitraille et défendre le passage de la rivière, à un gué voisin, ainsi que les abords du pont. Ce poste peut être protégé par de la mousqueterie qui tirerait à couvert derrière les parapets de la culée du pont ; de plus, les murs du jardin du château de Frouard offrent, en outre, des défenses utiles et sont propres à couvrir la retraite dans un cas nécessaire.

Après ces reconnaissances, ayant fait appeler les officiers municipaux de la commune de Frouard et leur ayant fait part de la nécessité de défendre ce passage, tant pour leur conservation particulière que pour le salut général, ils nous ont paru disposés à y concourir de tout leur pouvoir et, pour cet effet, consentir : 1º d'avoir dans ce village, nuit et jour, un cheval sellé, prêt à partir pour, en cas d'avis certain de l'approche de l'ennemi, en porter promptement l'avis au Département ; 2º à fournir journellement une patrouille en activité ; 3º en cas d'avis sûr de l'approche de l'ennemi, à conduire et placer, à l'entrée du pont de Frouard, deux chariots posés en travers, qui seront liés avec des chaînes et dont on enlèvera une des petites roues, pour pouvoir, au premier instant, s'opposer au passage d'un parti de cavalerie ennemie, et après avoir placé derrière des tireurs. Tous les habitants, avec pelles et pioches, s'obligent à couper la grande chaussée derrière la culée du pont, sur neuf pieds de largeur et six pieds de profondeur, en jetant les terres du côté de Frouard, laquelle jetée servira encore à protéger la défense des abords du pont, avec de la mousqueterie. Ensuite lesdits habitants nous ont déclaré qu'il y avait, dans leur village, environ 150 hommes en état de porter les armes, qu'ils avaient 50 fusils, mais qu'il ne s'en trouvait que 25 en état de tirer. Il conviendrait autoriser cette commune à faire réparer les 25 autres.

Après ces reconnaissances, nous nous sommes transportés au village de Pompey où, ayant assemblé plusieurs officiers de la Commune et leur avoir fait sentir la nécessité de concourir à la défense commune, nous les avons trouvés également disposés à agir et seconder les opérations du poste de Frouard. Ils nous ont déclaré qu'il y avait, dans ce village, environ 100 hommes en état de porter les armes, ayant 25 fusils à leur disposition et disposés à faire des patrouilles. Ensuite, étant accompagnés des principaux de ces habitants, nous avons été visiter le chemin de l'Avant-Garde que nous avons suivi, dans le bois, environ une demi-heure, jusqu'au delà des Quatre-Cerisiers, et nous avons reconnu une station avantageuse d'où l'on découvre, dans une plaine fort étendue, plusieurs lieues de route provenant de Saint-Mihiel et Verdun, et la croisée de celle de Pont-à-Mousson à Toul. On y voit distinctement les villages de Saizerais, les Quatre-Vents, Manonville, etc. Il nous a paru utile qu'il fût établi, dans cette station, un poste de huit hommes entretenant une sentinelle d'observation, et d'obliger les habitants de Saizerais de faire des patrouilles en avant de leur ban et de venir tous les jours, matin et soir, rendre compte, au poste des Quatre-Cerisiers, de ce qu'ils auront vu ou aperçu ; et le poste irait ensuite rendre compte au poste principal de Frouard. Ce poste des Quatre-Cerisiers, placé dans le passage des bois de l'Avant-Garde, pourrait être soutenu, au besoin, par une vingtaine de gens armés du village de Liverdun, qui, étant repoussés, ont la facilité de se retirer chez eux, sans danger, à travers les bois. On a, en outre, observé que les gens armés du village de Marbache pourraient être très avantageusement placés, dans les bois, au sommet d'une côte rapide, qui borde la route de Nancy à Pont-à-Mousson, d'où ils pourraient tirer à couvert et beaucoup incommoder l'ennemi, sans aucun risque.

Ensuite, en revenant, nous avons visité la rampe de descente sous le vieux château de Pompey, et avons observé qu'on pouvait facilement, aussitôt le premier avis de l'arrivée d'une troupe ennemie, faire couper cette rampe en deux points que nous avons désignés ; que les habitants, avec pelles et pioches, pouvaient, en une heure de temps, rendre ce passage absolument impénétrable pour les voitures, ainsi que pour l'artillerie et, d'ailleurs, un de ces points sera battu par notre artillerie à boulets.

Ensuite, après ces diverses reconnaissances, nous avons observé qu'après avoir tiré tout le parti de la défense de ce poste, en cas de retraite nécessaire, l'entrée du village de Champigneulles était bordée de murs de jardins dominant sur la route et propres à couvrir la retraite des troupes vers Nancy ; qu'arrivées à la porte Notre-Dame, si elles avaient en tête des forces trop supérieures, elles pourraient faire leur retraite par le pont de Malzéville et couper, après leur passage, la travée en bois. Sur le surplus et l'ordre successif des défenses, cela regarde le commandant qui sera nommé.

En conséquence, avons remis le présent rapport au Département pour être, sur ce, ordonné ce qui sera jugé utile et nécessaire à la sûreté générale.

A Nancy, le 12 septembre 1792.

Le Creulx, Patissier, *commandant le 8e bataillon;*
Charpentier, Mathieu.

Au rapport ci-dessus se trouve jointe, dans les Archives Départementales, une pièce sans date ni signature, qui contient des instructions intéressantes sur les manœuvres des troupes de défense. Il est très probable que ces instructions ont été rédigées par le commandant général ou son état-major.

Défense des abords de Nancy du côté de Frouard.

« Le passage de la Moselle, à Frouard, offre un des points de défense le plus avantageux ; pour cela, on fera usage de deux redoutes ou retranchements où l'on doit placer deux batteries. La première, sur la hauteur, entre l'auberge et le chemin du village, doit tirer à boulets ; elle enfile le chemin qui vient de Pont-à-Mousson à la descente de l'Avant-Garde au-dessus de Pompey. Cette batterie sera protégée par des tireurs, derrière les parapets du retranchement, d'autres derrière les haies voisines et d'autres derrière les jardins de l'auberge. La deuxième batterie doit être placée sous la protection d'un retranchement fait sur les bords de la Moselle. Cette batterie, destinée à défendre le passage du pont de la rivière, doit tirer à mitraille. Elle sera protégée par des tireurs placés derrière la suite de ce retranchement, par d'autres placés derrière les parapets de la culée, d'autres au bout de la chaussée, et d'autres derrière les murs du jardin du château. Il conviendra aussi de placer une trentaine d'hommes au moulin, pour défendre la chaussée dudit moulin. En cas de force supérieure, la retraite de cette batterie se fera par l'avenue du château, et celle de la batterie supérieure par un chemin qui communique à la grande route.

En cas d'approche de l'ennemi, on doit couper la grande chaussée derrière la culée, sur neuf pieds de largeur et six pieds de profondeur, et cette fouille formera un parapet qui protégera la défense du pont. Comme cette coupure ne doit se faire que lorsqu'on sera certain de l'approche de l'ennemi et de son dessein de forcer le passage, on pense, qu'en attendant, il conviendra de former une barrière légère qui serait fermée tous les jours, trois heures après le soleil couché, et que l'on n'ouvrirait, en cas de besoin, qu'avec les précautions qu'exige la sûreté. Pour cela, on établirait un corps de garde, dans ce canton, pour soutenir, en cas d'alarme, trois sentinelles, dont l'une placée à l'extrémité du pont, du côté de Metz, et deux autres derrière la barrière, pour soutenir la première sentinelle, ouvrir ou fermer la barrière, faire prendre les armes à la garde de ce poste.

On voit donc que l'on estime qu'il faut un corps de garde auprès de chaque batterie.

Un des points les plus importants est de ne pas se laisser surprendre, car il faut s'attendre que lorsque l'ennemi ne sera qu'à la distance de trois à quatre lieues, il marchera de nuit pour tâcher de surprendre ce poste avant le jour ; il est donc important d'être averti à temps de son approche.

Dans les reconnaissances que l'on a faites, le 12 septembre dernier, on avait observé qu'en suivant l'avenue de l'Avant-Garde, un peu au delà des Quatre-Cerisiers, on découvrirait une étendue de deux ou trois lieues de routes venant de Saint-Mihiel ou Thiaucourt et qu'on dominerait la plaine sur une grande étendue. Aussi, on avait proposé d'y placer un avant-poste de huit hommes, qui correspondrait, d'une part avec les villages de Saizerais et les Quatre-Vents, et, de l'autre, avec Frouard. Mais, comme ce poste serait trop isolé, on pense que ledit poste ne pouvant être soutenu, il serait imprudent de l'y laisser la nuit. Il serait préférable de l'établir à Saizerais et de monter une correspondance de patrouille entre Pompey et Saizerais qui, tous les jours, au soleil couchant, rendrait compte de ce qui aurait été vu et aperçu, au poste principal de Frouard. Et de même le village des Quatre-Vents devait être tenu d'envoyer, tous les soirs, une patrouille à Saizerais, une heure avant le soleil couchant, soit pour informer des avis reçus, soit pour recevoir l'ordre. Il serait aussi nécessaire que le village de Marbache, fut attenu à la même manœuvre. Enfin, il faudrait que le maire de Saizerais indiquât, dans la communauté, un cheval destiné à partir au premier ordre et à porter les avis en cas d'urgence ; que, de même, il y eut toujours, à Frouard, un cheval sellé prêt à porter à Nancy les avis urgents.

Dans le cas de l'arrivée des ennemis, les habitants armés de Liverdun, si l'ennemi suit la route de Pont-à-Mousson, le long de la rivière, peuvent, du haut de la côte, dans les bois qui bordent la route, harceler l'ennemi et ensuite se rendre à Frouard pour fortifier ce poste.

Le village de Custines, si l'ennemi vient par l'Avant-Garde, doit fournir une vingtaine d'hommes au poste de Frouard ; mais si l'ennemi suivait la route le long de la rivière, Custines doit rester en défense sur sa rive, pour défendre, avec des tireurs, le passage de tous les quais de la Moselle et se concerter, pour cette opération, avec le village de Millery.

Champigneulles, dans le cas où l'ennemi arriverait par Frouard, peut envoyer, à ce poste, 25 hommes armés, et garder le surplus pour la défense de son village, et favoriser la retraite de l'armée de Frouard si elle était repoussée. La position des jardins, en avant, qui bordent la route, est propre pour cette opération. Il convient aussi qu'ils soient tenus de garder le pont de Bouxières, sur la Meurthe. Enfin, dans le cas où il n'y aurait pas d'ennemis sur la rive droite de la Meurthe, le village de Bouxières doit fournir 25 hommes armés au poste de Frouard et réunir le surplus à Champigneulles.

Dans le cas où l'ennemi, arrivant par Toul, chercherait à pénétrer par les bois de Haye, pour éviter les Fonds-de-Toul, et tenterait d'arriver par Champigneulles, dans cette circonstance, il faut que les citoyens armés de Champigneulles défendent le passage, par les bois, qui conduit chez eux, et qu'ils fassent des abatis et des coupures défendus par des gens armés. Enfin, le village de Maxéville doit, en cas d'attaque du poste de Frouard, fournir 25 hommes armés et porter le reste à Champigneulles. Mais si l'ennemi cherchait à pénétrer par les bois, cette communauté s'emploierait à la défense des bois.

Il est nécessaire qu'à l'avance toutes ces communautés reçoivent une instruction sur le service qu'elles ont à remplir dans tous les cas, pour qu'à la première réquisition elles puissent se mettre en marche et pour qu'étant prévenues sur ce qu'elles ont à faire, il soit plus facile de s'entendre, et pour qu'il y ait du concert dans les opérations.

Bien qu'on ait l'espérance bien fondée de repousser l'ennemi en cas d'attaque, et que nos positions nous donnent sur lui des avantages sensibles, néanmoins il faut toujours s'assurer, à l'avance, de tous les moyens de retraite, avec le dessein de n'en user qu'après avoir employé

tous les efforts que le courage et le patriotisme peuvent
dicter. On doit donc prévoir que si notre force armée
était contrainte de se replier, de poste en poste, jusqu'à
Nancy, il conviendrait qu'elle fit sa retraite par le pont
de Malzéville dont la travée en bois serait facile à couper,
surtout si elle ne voulait pas se renfermer dans Nancy
où nos forces, ne pouvant se développer, seraient con-
traintes de succomber aux attaques de l'ennemi, ce qui
nous exposerait à perdre nos armes.

Dans ces circonstances, Malzéville contribuerait, en défendant ses foyers, à favoriser notre retraite, mais dans
l'espoir d'un meilleur succès, il conviendrait qu'ils en-
voyassent, en avant, 25 hommes armés, soit dans les bois,
soit à Frouard, suivant la réquisition qui leur en sera
faite.

En résumé, il ne s'agit plus, comme dans le plan de
défense, de placer des batteries à Dieulouard, Marbache,
Pompey et Frouard, mais simplement de défendre le
pont de Frouard en avant et en arrière.

Les travaux entrepris le 25 septembre furent terminés
en quelques jours. Il a été dépensé, « pour la construction d'épaulements près du pont de Frouard », la somme
de 1023 livres 10 deniers.

Postes des Fonds-de-Toul. — Le 15 septembre, l'ingénieur Le Creulx établit un rapport pour la défense de la
route de Toul à Nancy.

« Nous nous sommes transportés, aujourd'hui 15 septembre
1792, sur la route de Nancy à Toul, accompagné de MM. Hussenet, commandant en second le 8e bataillon de volontaires
de la Meurthe ; Mathieu, capitaine au 9e bataillon, et Charpentier, officier instructeur de l'artillerie, et avons observé
que le premier fond des bois de Haye paraissait le plus propre pour asseoir le point de la plus forte et de la principale
défense ; qu'il convenait y placer deux pièces d'artillerie et
faire, à l'entrée, deux retranchements, tant pour mettre la
mousqueterie à couvert que pour empêcher l'escalade du fond
et, qu'en cas nécessaire, il fallait couper la route, au cin-
quième arbre, sur neuf pieds de largeur et six pieds de pro-

fondeur, en laisant néanmoins un passage de sept pieds pour
faciliter la retraite des postes avancés; qu'il convenait établir,
dans ce lieu, un poste de 86 hommes toujours en activité ;
pour préserver Nancy d'une surprise ; qu'indépendamment
des forces à placer derrière ces retranchements et de l'effet
de l'artillerie, on pouvait placer des tireurs dans les bois des
deux côtés.

Nous avons observé, ensuite, le poste entre les deux fonds
où il convenait faire abattre des murs à pierre sèche, qui
pourraient être employés contre nous. Nous avons remarqué
que, dans la vue de tirer le meilleur parti du local, en disputant le terrain pied à pied, on pouvait former un second retranchement, pareil au précédent, à l'entrée du second fond,
et couper pareillement la route. De plus, nous avons observé
qu'il se trouvait, dans le fond, un chemin qui conduisait,
par les bois, à Champigneulles. Après avoir visité ce chemin, nous avons pensé qu'il convenait le couper en travers,
dans deux ou trois endroits, par des fossés de huit pieds et
par des abatis d'arbres croisés. Le local en offre, qui sont
disposés à remplir cet objet, mais on travaille actuellement,
au nom du sieur Regnault, de Tomblaine, à abattre la lisière
du bois dains cette partie ; il conviendrait faire suspendre
de quelques mois cet abatis, vu que cette lisière de bois est
utile pour couvrir la défense de ce poste.

Nous avons trouvé, plus loin, deux ou trois chemins particuliers qu'il sera pareillement nécessaire d'obstruer. Enfin,
nous avons remarqué qu'il se trouvait, plus loin, un sommet d'où l'on découvre une longue étendue de route, où il
paraissait utile de poser un poste de huit hommes d'infanterie pour la découverte ; en outre, de poser, à la Poste de
Velaine, un autre poste de 5 hommes de cavalerie, et enfin
d'exiger du village de Gondreville qu'il entretienne un corps
de garde et une patrouille en activité pour recevoir les avis
de Toul et les porter à Velaine.

Moyennant ces précautions, on éviterait toute surprise de
la part de l'ennemi, on aurait le temps de réunir les secours,
fortifier les postes et les mettre dans un état de défense res-
pectable.

Pour exécuter les divers ouvrages, il faudrait 40 pelles,
40 pioches, et 15 haches ou cognées pour les abatis. On trouvera ces outils dans l'arsenal de Toul et on pourra, sous
récépissé, les confier au poste permanent des Baraques, où
il conviendra faire camper 86 hommes.

Et après avoir terminé ces reconnaissances, nous avons dressé le présent rapport dont une copie pour le Département et l'autre pour être remise au Commandant général, pour qu'il puisse faire les dispositions convenables au local et aux circonstances.

A Nancy, le 15 septembre 1792.

LE CREULX, HUSSENET, *commandant en second* ;
MATHIEU, *capitaine* ; CHARPENTIER.

On trouve dans un « Projet de défense pour les abords de la ville de Nancy » : 1° les dispositions à prendre pour la défense de Frouard ; dispositions dont nous avons déjà parlé, et 2° les mesures suivantes pour la défense des Fonds-de-Toul :

« Poste de 86 hommes, à placer aux Baraques, pour défendre le passage des fonds des bois de Haye ; y établir un corps de garde, une pièce de canon et deux sentinelles. Ce passage peut être rendu impénétrable en coupant la chaussée et en faisant quelques terrasses et parapets, entre la chaussée et les bois ; mais on ne peut couper la chaussée qu'en cas de nécessité et trois ou quatre heures avant le besoin urgent, pour ne pas interrompre sans nécessité le service de la route. Dans ce cas, on fera comme à Frouard, on barrera à la hâte la chaussée par deux chariots enchaînés dont on ôtera une roue, et des travailleurs protégés par des fusiliers, derrière les chariots, feront à la chaussée une coupure de neuf pieds de largeur sur six pieds de profondeur, en jetant les terres du côté de Nancy. On peut placer un bataillon, pour la défense de ce poste, derrière les parapets en terre.

Emplacer un autre bataillon, dans le bois, derrière des abatis ; enfin, en cas de forces supérieures, une pièce de canon, sur la hauteur, par derrière, protégera la retraite.

Il conviendra disputer les passages du premier fond, en avant, avec de la mousqueterie et une coupure à la chaussée ; quatre compagnies pourraient défendre cet avant-poste et ensuite se replier sur le poste principal.

Poste de 50 hommes à Gondreville, formant corps de garde ; une sentinelle nuit et jour ; des patrouilles de trois hommes ; un arrière-poste à Velaine et un cheval sellé prêt à partir, nuit et jour, pour porter à Nancy les avis utiles.

Si la ville de Toul était prise et le passage des bois de Haye forcé, il serait nécessaire qu'une partie de la garnison de Nancy se repliât sur Lunéville et l'autre sur Vic pour, en disputant le terrain de poste en poste, se replier sur l'armée du Rhin, en évitant de laisser des armes à l'ennemi.

Sur la route de Lunéville, le passage de la rivière du Sanon, à Dombasle, peut être disputé, et sur celle de Château-Salins, le passage de la petite rivière sous Moncel. »

(La pièce ne porte ni date, ni signature).

Les travaux « pour la construction des épaulements de défenses militaires pour les Baraques et Ponts de Toul » commencèrent le 20 septembre 1792 et coûtèrent 2.201 livres 8 sous.

Le Conseil de la Meurthe avait délibéré, le 13 septembre, qu'il serait rendu compte, à l'Assemblée Nationale, au Ministre de la Guerre et au général Kellermann, de toutes les mesures que l'on prenait pour mettre le département en état de défense contre les partis ennemis.

Voici la réponse du Président de la Convention :

> Paris, le 21 septembre 1792,
> l'an 4e de la Liberté et 1er de l'Egalité.
>
> J'ai reçu, Messieurs, avec votre lettre du 15 de ce mois, le procès-verbal contenant le Plan de Défense contre les incursions des partis ennemis sur le territoire de votre Département. Je l'ai fait remettre au Comité militaire qui l'examinera et le prendra en grande considération.
>
> *Le Président de la Convention Nationale*
> PÉTION.

Remarquons cette date du 21 septembre, car cette lettre est, sans doute, une des premières signées par le Président de la nouvelle Assemblée Nationale.

Le procès-verbal de la séance du Conseil, du 13 septembre, doit contenir une erreur : c'est au Ministre de l'Intérieur, et non au Ministre de la Guerre, que le Plan de
Défense a été envoyé. Il était, en effet, plus logique de
rendre compte au Ministre de l'Intérieur qui, par sa lettre
du 27 août, avait déterminé le Conseil à organiser sa
défense locale. Cependant, le Ministre de l'Intérieur, dans
sa réponse du 30 septembre, engage le Conseil à s'entendre avec le Ministre de la Guerre. C'est alors seulement,
le 5 octobre, qu'il est donné lecture au Conseil de la
Meurthe « d'un projet de lettre au Ministre de la Guerre,
en lui envoyant le Plan de Défense adopté. « Par cette
lettre, on lui rend compte exact de tout ce qui s'est fait
jusqu'à présent aux différents postes. On lui témoigne
qu'on espère qu'il donnera son approbation aux mesures
que la prudence et le patriotisme ont suggérées au Conseil,
et qu'il voudra bien donner un secours d'argent, afin que
l'on puisse continuer le service et les travaux que l'on a
commencés. »

Lettre du Ministre de l'Intérieur au Conseil de la Meurthe

Paris, le 30 septembre 1792,

L'an 1er de la République.

J'ai reçu, Messieurs, avec votre lettre du 15 de ce mois,
votre Plan de défense contre des incursions que des partis
ennemis pourraient faire sur le territoire du Département
de la Meurthe. Le zèle le plus pur, le patriotisme le plus vrai
et l'intelligence la plus grande, ont dirigé ceux de vos membres que vous aviez chargés de le combiner. Il est bien de
n'avoir, en service journalier, qu'un nombre modéré de
Gardes Nationales et de vous être assurés, qu'au moment du
besoin, un grand nombre volera aux lieux attaqués ou me-
nacés. Il est bien qu'un seul homme courageux et expéri-
menté ait la direction et la réquisition de toutes ces forces et
veille aux plans d'attaque et de défense. Il est bien, enfin, de
ne vous permettre que les dépenses les plus indispensables,
afin de ne pas épuiser le Trésor public ; mais, Messieurs, tout
cela ne doit être fait que de concert avec le Ministre de la

Guerre et d'après son approbation. Vous êtes trop sages,
trop éclairés, pour ne pas lui soumettre ces mesures, et il
est, lui, trop dévoué à la Patrie pour ne pas sentir le prix
de ce que vous faites pour sa défense, et ne pas vous seconder de tout son pouvoir.

Le Ministre de l'Intérieur,

ROLAND.

Quant à Kellermann, il répond, le 26 septembre, après
Valmy :

Du Quartier Général de Dampierre-sur-Auve,

le 26 septembre 1792, l'an 1er de la République.

J'ai reçu, Messieurs, la lettre que vous m'avez fait l'honneur de m'écrire et le mémoire qui y était joint concernant
le Plan de défenses générales contre les incursions qui pourrait (*sic*) avoir lieu sur le territoire du Département de la
Meurthe. Je l'ai lu avec attention et l'ai trouvé très bien et
sagement réfléchi et je ne doute nullement de votre zèle et
de votre patriotisme pour, en cas de besoin, le faire exécuter
avec toute l'économie possible. Vous trouverez ci-joint (1) la
relation de l'affaire, du 20 de ce mois, qui a eu lieu entre
notre armée et celle des Prussiens.

Le général en chef de l'armée du Centre,

KELLERMANN.

Au Plan de Défense ainsi approuvé par les autorités
civiles et militaires, le Conseil de la Meurthe fit ajouter,
un peu plus tard, une étude sur l'organisation défensive
des Districts de Château-Salins et de Dieuze. La suite des
événements militaires ayant enlevé tout intérêt à ce « Mémoire pour le Comité des travaux de la défense publique
du Département de la Meurthe » établi, le 11 octobre 1792,
par l'ingénieur Le Creulx, nous n'en citerons que le
préambule.

« Dans les circonstances actuelles où l'ennemi occupait
la Voëvre, on s'est principalement occupé de la défense
des postes de Foug, de Toul, des bois de Haye, et de

(1) Voir chapitre VI. Nouvelles des armées.

Frouard, et l'on a fait faire des travaux dirigés contre les
forces que l'on pouvait craindre. Au contraire, on n'a fait
aucun travail sur les routes de Nancy à Château-Salins et
de Nancy à Moyenvic, parce que si l'ennemi, arrivant par
la Voëvre, était parvenu à s'emparer de Nancy, il aurait
pris à revers les travaux que l'on aurait faits sur les routes de Nancy à Château-Salins, à Vic et Moyenvic, et s'en
serait servi contre nous. On ajoutera à ces considérations
que si l'ennemi vient à quitter la Voëvre pour retourner
dans le pays de Luxembourg, on en doit conclure que la
ville de Nancy ne sera point attaquée, cette année, ni par
Toul, ni par Frouard.

On a demandé s'il n'était pas à craindre que l'ennemi
arrivât jusqu'à Nancy, par Dieuze ou Château-Salins, et
s'il n'était pas prudent et convenable de faire des dispositions pour pouvoir, dans cette supposition, l'arrêter dans
sa marche. Sur quoi, l'Ingénieur commis par le Département, pour observer les points d'une défense utile, commence par observer que, etc., etc. »

En définitive, le dispositif de la Défense s'oriente face à
la direction dangereuse du Nord-Ouest. Une première
ligne de défense naturelle, le Rupt-de-Mad, est soutenue
par les deux postes de la côte Saint-Pierre et de Flirey.
En seconde ligne, la Moselle et la forêt de Haye couvrent
Nancy dont les deux seules voies d'accès, la route de Pont-
à-Mousson et la route de Toul, sont facilement gardées
par Frouard et les Fonds-de-Toul. Enfin, à l'extrême-gau-
che, au delà de Toul, Foug tient la route de Paris.

V

TROUPES DE LA DÉFENSE

Gardes Nationales de Nancy (L. 1678), de Toul (L. 2429), de Pont-à-Mousson (L. 1996) — Revue des armes (L. 1996) — Le district de Vézelise demande des armes (L. 2539) — Instructions aux citoyens pour la défense de
leurs foyers (L 411) — Garnisons de la Meurthe (*Archives Historiques du
Ministère de la Guerre*) — Hommes de garde (L. 411) — Cavalerie des
Postes de Défense (L 70, 1769 et 411) — Munitions ; lettre de Vézelise ;
lettre du Procureur général (L. 2539) — Lettre de Valory (L. 411) —
Objets de campement (L. 77 et 70) — Lettre de Valory (L. 411) Solde des
hommes de garde (L. 411)

Après le terrain, nous examinerons les forces militaires
dont la Meurthe pouvait disposer pour sa défense.

La Garde Nationale venait d'achever de se réorganiser,
conformément à la Loi du 14 octobre 1791, mais elle avait
été sensiblement réduite par le départ des Volontaires
de 92 à l'Appel de la Patrie en danger.

On comptait, dans les trois Districts plus spécialement
intéressés à la défense :

DISTRICT DE NANCY. — Trois Légions dont le rang avait
été déterminé par tirage au sort du 12 juillet 1792 :

    I. — *Légion Humbert, légion de Nancy* ; huit bataillons,
        un pour chacune des huit sections de la ville.

    II. — *Légion Fleury* : six bataillons, ceux d'Essey, Eul-
        mont, Amance, Custines, Faulx, Frouard.

    III. — *Légion Bouchon* : huit bataillons, les trois de
        Pont-Saint-Vincent et ceux de Vandœuvre, Saint-
        Nicolas, Varangéville, Rosières, Lenoncourt.

DISTRICT DE TOUL. — Deux légions (rang du 6 mai 1792):

    I. — *Légion Boulligny :* huit bataillons, deux pour cha-
        cun des quatre cantons de Foug, Toul, Blénod,
        Allamps.

    II. — *Légion Félix* (élu le 9 septembre 1792) : dix batail-
        lons, deux pour chacun des cinq cantons de
        Fontenoy, Jaillon, Royaumeix, Lucey, Bicqueley.

DISTRICT DE PONT-A-MOUSSON. — Une Légion de neuf
bataillons.

Pour ce District, chargé de la première défense, puisqu'il était le plus voisin de l'ennemi, nous donnerons quelques détails dans les tableaux qui suivent.

TABLEAU DES GARDES NATIONALES DU DISTRICT DE PONT-A-MOUSSON
AU 18 AVRIL 1792.

1° Canton de Pont-à-Mousson....	1223	
Canton rural.................	566	1789
2° Canton de Pagny.............		1053
3° Canton de Flirey.............		407
4° Canton de Dieulouard.........		687
5° Canton de Belleau............		542
6° Canton de Thiaucourt.........		1044
7° Canton de Noméný............		619
8° Canton de Morville...........		570
TOTAL................		6711

*Numéros des bataillons et cantons qui les ont constitués ;
nombre de compagnies, non compris les compagnies
de grenadiers ; effectifs des bataillons d'après les comptes rendus des cantons ; noms des chefs commandant
en premier et en second, élus fin avril ou commencement de mai 1792.*

1	Belleau	5	465	de Bourlon d'Oriaucourt ; Ragué ! ôu
2	Thiaucourt	8	855	Ju-Ad.-Nic.-Aut. Riffaut ; Jos. Piers-19i
3	Rurale Pt-à-Mousson	5	436	Sébastien Parisot ; Henry Vallois. ..
4	Pagny....... ...	10	837	Jean-Nicolas Georges ; Michel Belirilb
5	Dieulouard	7	640	Nicolas Messein ; Sébastien Crion. .m
6	Flirey	4	465	Claude Gimé ; Gaspard-Joseph Georgi
7	Morville	5	458	Joseph Antoine ; Nicolas Pruniaux..zu
8	Nomeny	6	568	Claude-Marie Laveuf ; Ju-L. Fouruo'
9	Pont-à-Mousson	6	649	George: Humblut
	TOTAL... ..		5.393	

Détails d'un canton et du bataillon correspondant.

CANTON DE THIAUCOURT			2ᵉ BATAILLON	
COMMUNES	Compagnies	EFFECTIF	UNITÉS	EFFECTIF
			État-major.............	4
			1ʳᵉ Cⁱᵉ de grenadiers.....	80
			2ᵉ Cⁱᵉ de grenadiers.....	80
Xammes et Rembercourt....	1	129	1ʳᵉ Compagnie..........	104
Thiaucourt..........	2	223	2ᵉ Compagnie..........	85
			3ᵉ Compagnie.........	91
Pannes et Bouillonville. ...	1	103	4ᵉ Compagnie	96
Dommartin et Charey.......	1	78	5ᵉ Compagnie..... ...	65
Essey.	1	126	6ᵉ Compagnie..........	101
Euvezin	1	84	7ᵉ Compagnie.	70
Viéville et Jaulny	1	112	8ᵉ Compagnie..........	79
TOTAUX.		855		855

La différence entre le nombre des Gardes Nationales du District 6711, et l'effectif de la Légion 5393 provient des « dispensés en vertu de leur emploi, âge et infirmités » (art. 16 et 17. Section I de la Loi du 14 octobre 1791).

Ainsi, Euvezin, pour 125 Gardes Nationales, n'a qu'une compagnie de 84 hommes ; le canton de Thiaucourt, pour 1.044 Gardes Nationales, n'a qu'un bataillon de 855 hommes.

D'ailleurs, ces chiffres d'avril, qu'il faudrait diminuer par suite du départ, en août, des Volontaires de 92, offrent peu d'intérêt pour la défense de la Meurthe ; ce qu'il importe de connaître, c'est le nombre de gens armés de fusils, que le Département peut opposer aux partisans ennemis.

Nous avons vu, par le premier Arrêté du 31 août, que le Conseil de la Meurthe demandait aux Districts : L'organisation des Gardes Nationales est-elle achevée ? L'ordre

6

du service est-il arrêté conformément à la Section IV de
la Loi du 14 octobre 1791 ? La Loi du 8 juillet 1792 relative
aux recherches d'armes et de munitions a-t-elle été appli-
quée, et comment sont armées les Gardes Nationales ?

Les quelques documents que l'on peut retrouver en réponse à ces questions, concernent justement les Gardes
Nationales du District de Pont-à-Mousson, dont nous venons de parler. Malheureusement, comme on va pouvoir
en juger, ces documents manquent un peu de précision.

Voici tout d'abord l'ordre donné, le 1er septembre 1792,
par le chef de la Légion de Pont-à-Mousson, en exécution
de l'arrêté du Département :

DISTRICT	.	LÉGION
DE PONT-A-MOUSSON		NATIONALE

Ordre du Commandant en chef

Monsieur ....
se rendra dans le chef-lieu du canton de...................
.............................dans le jour, où il assemblera,
sans délai, toutes les Gardes Nationales qui composent le
Bataillon du canton, afin de régler le rang et l'ordre des escouades, dans chaque compagnie, et faire la revue des armes,
afin de pouvoir connaître combien il s'en trouve de disponibles et en état de servir sur-le-champ. Comme il pourrait se
faire que, d'après la voie du sort employée, les premières
compagnies, escouades, etc., qui seront tenues de marcher à
la première réquisition, ne soient pas celles qui seraient les
mieux armées, M.................fera transmettre, de la part
des dernières compagnies, escouades etc., aux premières à
marcher, les bonnes armes de munition qui pourront se trouver exister dans le dit Bataillon du canton et même chez les
personnes qui ne sont pas de la Garde Nationale.

Monsieur...............voudra bien, enfin, prendre l'état
des armes actuellement disponibles, l'état des compagnies et
escouades à partir par la voie du sort, de même que l'état
de toutes celles qui, subséquemment, doivent suivre l'ordre
du tirage.

Les premières compagnies à partir, jusqu'au nombre
de.................. par Bataillon, se tiendront prêtes à marcher, à toutes heures du jour et de la nuit, et à se porter au

point de ralliement qui leur sera assigné au premier ordre
qui ne peut manquer d'arriver incessamment.

Nul de tous ceux inscrits sur le registre de la Garde Nationale, ne sera exempt du sort, et les seuls motifs d'exemption
ne seront recevables qu'autant que certains individus feraient
actuellement le service de garde national et seraient en même
temps officiers municipaux ; qu'autant, en outre, qu'il s'en
trouverait qui n'auraient pas atteint l'âge de 18 ans ou qui
en auraient 50 passés. Cependant, ceux qui pouvant présenter
des exceptions ne voudraient pas en profiter et préféreraient
voler à la défense de la Patrie, seront maîtres de concourir
à tirer leur rang de départ comme les autres.

L'ADJUDANT GÉNÉRAL.

Des réponses parvenues au chef de Légion et conservées
dans les Archives, nous citerons les passages les plus ca-
ractéristiques :

Canton de Thiaucourt. -- « J'avais fait assembler notre
Bataillon, j'avais commencé de lui donner lecture de votre
ordre, mais l'impatience s'étant emparée d'eux..... ils se
sont dispersés, au point qu'il m'a été absolument impossible de les réunir de nouveau... »

Canton de Dieulouard. — « Le rassemblement fait, j'ai
interrogé le peu de monde qui s'y est trouvé. Il m'a été
répondu que le canton avait fourni plus d'hommes que sa
population ne le permettait ; notamment la commune de
Dieulouard, dont la population n'est que de mille à onze
cents âmes, a fourni dans les Volontaires de la première
levée et de la seconde, trente-six hommes, dix hommes
dans les troupes de ligne et quatorze dans les vivres. J'ai
remarqué que, quand même ils se seraient décidés pour
le sort, il fallait refondre les compagnies et faire la distinction des hommes depuis l'âge de 18 à 50 ans. Il m'a été
représenté, de la part du Commandant, que les trois compagnies qui étaient à Dieulouard n'en pouvaient plus former que deux.

Je me suis fait représenter les armes de la commune de
Dieulouard, j'ai remarqué qu'il y avait 80 fusils, y compris 26 qui sont à l'armurier à Pont-à-Mousson, le tout en

bon état. Malgré l'invitation faite à toutes les Communes qui ont des armes, de les apporter, aucune d'elles n'a déféré à cet ordre. »

Canton de Pagny. — « Il n'y a eu que les compagnies des Communes de Vandelainville, Arnaville et Bayonville, qui se sont rendues à la convocation. Celles de Pagny ont refusé de s'assembler pour opérer, sous prétexte qu'elles avaient fourni beaucoup de Volontaires, tandis que les villages voisins n'en avaient point fourni ou très peu ; que conséquemment on devait y avoir égard ; que Pagny se trouvait dégarni de garçons et que les autres endroits en avaient encore un grand nombre. D'autres particuliers, pères de deux ou trois enfants qui sont aux Volontaires actuellement, croient avoir assez contribué à la levée d'hommes sans être obligés de partir eux-mêmes. Voyant donc l'impossibilité de faire l'opération pour laquelle nous étions commis, nous nous sommes retirés avec protestation..... »

Nous pouvons donc constater, tout d'abord, que si les Administrateurs déploient beaucoup de zèle pour organiser la défense du Département, les Administrés manquent d'entrain. Nous ne saurions trop leur en vouloir. Les meilleurs d'entre eux viennent de partir comme Volontaires ; l'armée de Kellermann n'est pas loin ; deux Bataillons de la Meurthe sont restés à Nancy ; enfin et surtout le danger ne paraît pas immédiat.

Quand Thiaucourt sera menacé, nous verrons ces Gardes Nationales de Pagny, qui refusent pour le moment de se rassembler, fournir plus d'hommes que n'en compte l'effectif de leur bataillon.

Canton de Morville. — Le canton de Morville nous donne un exemple de cet « ordre du service » que le Département avait prescrit d'établir.

Normalement, une compagnie de Gardes Nationales est divisée en deux pelotons, quatre sections, huit escouades. Il y a dans chaque compagnie un capitaine, un lieutenant, deux sous-lieutenants, deux sergents et quatre caporaux. Le lieutenant et l'un des sous-lieutenants commandent

chacun un peloton et ont chacun un sergent sous leurs
ordres. A la tête de chaque section, il y a un caporal qui
commande la première escouade, la seconde étant commandée par le plus âgé des soldats de l'escouade. (Art. 5,
6, 7, 8. Section II. Loi du 14 octobre 1791).

Suivant les prescriptions de la Section IV de la Loi du
14 octobre 1791, en cas d'invasion ou d'alarme subite dans
une commune, les citoyens marcheront par compagnies,
pelotons, sections ou escouades, tels qu'ils ont été primi-
tivement formés (art. 12). Mais dans les autres cas, les
unités sont formées d'escouades tirées, à tour de rôle, des
bataillons et compagnies. Le tour commence par la 1re escouade de la 1re compagnie du 1er bataillon, continue par
la 1re escouade de la 2e compagnie, etc., puis les 1res escouades du 2e bataillon, etc., jusqu'à la 1re escouade de la
dernière compagnie du dernier bataillon, et toutes ces
escouades (64 probablement, en continuant par les secon-
des escouades) composent 8 compagnies qui forment
1 bataillon (art. 3). Les officiers sont commandés suivant
un rang de piquet réglé par le sort (art. 6). Ainsi, dans
un bataillon, la 1re compagnie n'est pas la première à
marcher, mais c'est elle qui doit fournir la 1re escouade à
marcher ; dans une Légion, la 2e escouade de la 1re compagnie du 1er bataillon ne marchera qu'après toutes les
1res escouades de toutes les compagnies.

Un pareil tour de service paraît bien compliqué, et nous
doutons qu'il ait été jamais pratiqué. Quoiqu'il en soit,
dans le bataillon de Morville, le rang des escouades est
déterminé, le 2 septembre 1792, par un tirage au sort. Par
exemple, la 1re compagnie, de Bouxières, compte six escouades qui tirent successivement les numéros 5, 6, 2, 1,
4, 3 ; pour les sergents, le premier à marcher est Nicolas
Manginot, le second Augustin Serrières ; pour les caporaux, le premier à marcher est Hubert Antoine, le
deuxième Christophe Meaux, le troisième Jacques Manginot, le quatrième François Caye.

Le compte rendu du canton de Morville se termine
ainsi : « Nous avons ensuite requis, des capitaines de chaque compagnie, l'état de leurs armes ; ils nous ont tous

répondu que la plupart étaient chez l'armurier de Pont-à-Mousson. En conséquence, nous leur avons enjoint de les remettre, aussitôt qu'elles seront rétablies, aux premières escouades qui n'en auraient pas et qui seraient requises de partir. »

Le compte rendu du canton de Belleau nous apprend que le Bataillon ne possède que 80 mauvais fusils ; celui du canton de Flirey évalue à 200 le nombre de fusils dont le Bataillon pourra disposer quand ils seront tous réparés.

Les comptes rendus des cantons de Pont-à-Mousson, ville, et de Nomeny manquent.

Nous sommes donc obligés de nous en rapporter aux évaluations du Plan de Défense qui, comptant 20 fusils, en moyenne, par Commune, y compris les fusils hors d'état et les fusils de chasse, estime qu'on pourra armer : 200 hommes dans le canton de Flirey, 300 à Thiaucourt, 400 à Pagny, 200 dans le canton rural de Pont-à-Mousson et 400 dans la ville, 400 à Dieulouard, 200 à Morville, 200 à Belleau, 300 à Nomeny. Nous arrivons ainsi au total de 2.600 pour le District de Pont-à-Mousson, et ce chiffre, évidemment exagéré, n'atteint pas la moitié de l'effectif de la Légion.

On pourrait constater, pour les autres Districts, mêmes lacunes dans les documents, même répugnance des citoyens à déclarer les armes en leur possession, crainte d'être obligés de s'en dessaisir. Dans ces conditions, nous ne pouvons calculer le chiffre exact des armes à feu dont les Gardes Nationales de la Meurthe pouvaient disposer.

Le Département n'ayant pas d'armes pour tous les citoyens capables de marcher, s'efforce d'appliquer la Loi du 2 septembre, relative aux personnes qui refuseraient ou de servir personnellement ou de remettre leurs armes.

**Extrait des registres des Procès-Verbaux du Conseil
du Département de la Meurthe.**

Séance du 18 septembre 1792, l'an 4 de la Liberté.

Lecture a été donnée d'une adresse des chefs de légion du district de Vézelise, qui demandent qu'on distribue des armes aux Gardes Nationaux de leurs bataillons, afin qu'ils puissent aller défendre les différents postes que l'on a jugé qu'il convenait de garder.

Le Conseil, considérant qu'il n'a, à sa disposition, aucun fusil, que les arsenaux du Département en sont entièrement dépourvus, et ne voyant d'autres ressources, pour s'en procurer, que les recherches et visites ordonnées par les lois ; considérant, encore, que les Citoyens qui ne servent pas personnellement, ne peuvent refuser de remettre leurs armes à ceux que leur courage porte à s'opposer à l'invasion de l'ennemi, que le salut de l'Etat réclame cette remise, que leur intérêt particulier le demande aussi, puisque leurs propriétés et leurs personnes seront garanties, si les troupes étrangères ne pénètrent pas dans le Département ; qu'outre que c'est le vœu de la raison, c'est aussi celui de la Loi, qu'elle déclare infâmes, traîtres à la Patrie et dignes de la peine de mort, ceux qui refuseront ou de servir ou de remettre leurs armes à ceux qui sont disposés à le faire, et qu'en effet c'est se montrer mauvais Citoyen que de ne pas céder des armes, dont on ne veut pas faire usage, à ceux qui les emploieraient à la défense de l'Etat ; arrête que le Directoire du District de Vézelise tiendra la main à ce que les Lois, des 12 et 28 août, sur la recherche des armes, soient incessamment exécutées avec la plus scrupuleuse exactitude, et qu'en conformité de la Loi du 2 septembre, ceux qui ne serviront pas personnellement, remettront leurs fusils à ceux qui, se sentant plus de force ou de courage, seront disposés à aller combattre l'ennemi. »

Si les armes restées dans le pays sont en petit nombre, elles n'en sont que plus précieuses, et il importe, avant tout, de ne pas les laisser tomber entre les mains des ennemis. Les organisateurs de la Défense le comprennent parfaitement, et jugent utile d'insister sur ce sujet, auprès de leurs concitoyens. D'autre part, les objections des Gardes Nationaux du District de Pont-à-Mousson ont

montré que plusieurs ne comprenaient pas ce qu'on attendait d'eux, et qu'il était indispensable de les renseigner.
Pour ce double motif, le Conseil de la Meurthe fait rédi-
ger des instructions sur la conduite à tenir en cas d'attaque.

Dès le 3 septembre, les Commissaires-Ingénieurs
avaient donné, aux Gardes Nationales, les conseils de tac-
tique suivants :

Observations des Commissaires délégués par le Département

Ils ont observé : 1° que la plupart des Communes armées
ne peuvent faire seules aucune résistance utile, et pensent
qu'elles doivent se borner à faire des patrouilles embusquées,
de 20 à 25 hommes, pour attaquer, avec avantage, celles des
ennemis qui sont inférieures en nombre ; 2° qu'il y a sur les
routes certains passages d'une défense facile, que les Communes armées pourraient défendre un certain temps et, en réunissant une centaine d'hommes en armes, arrêter des forces
quatre fois supérieures ; 3° qu'après avoir épuisé leurs moyens
de résistance, dans des postes avantageux, et retardé la marche des ennemis, il devient alors nécessaire que les gens armés
se replient en diligence et se réunissent à des forces plus considérables, pour ne pas laisser prendre leurs armes ; 4° les
Commissaires ont préparé à ces manœuvres les Communes
qu'ils ont visitées, et leur ont désigné plusieurs points de résistance, sur plusieurs routes, avec indication de quelques
ouvrages légers susceptibles d'être faits avec célérité ; 5° ils
ont observé que la garde armée de Nancy ne pourrait pas
être plus mal placée, pour sa défense, que dans l'enceinte
de la ville même, où presque tous les points sont faciles à
attaquer et difficiles à défendre, et où la garde armée ne
peut utilement déployer ses forces ; 6° que le passage des
fonds du bois de Haye, le passage de la chaussée de Frouard,
au confluent de la Meurthe et de la Moselle, les ponts sur la
Meurthe, les rampes de Pont-Saint-Vincent, le passage du
Sanon à Dombasle, sont tous des points, aux abords de
Nancy, d'une défense des plus faciles.

Ce 3 septembre 1792,

LE CREULX.

Un peu plus tard (le document est sans date et sans signature) le Conseil de la Meurthe approuve l'avis suivant :

AVIS UTILE
pour la défense du Département de la Meurthe

Il y a, dans le Département, un certain nombre de gens armés et un plus grand nombre qui ne l'est point. En général, les Communes sont animées du meilleur patriotisme et de zèle pour la défense de la Patrie, mais ce zèle n'est nullement dirigé. Les Communes qui ont des armes ignorent le moyen d'en tirer parti, si ces armes sont destinées pour la défense de leurs villages ou pour la défense commune ; il n'y a aucun point de ralliement ; quelques individus, effrayés de l'approche des ennemis, répandent la terreur avec des nouvelles infidèles. Il est donc très important d'éclairer très promptement les Communes sur le parti qu'elles ont à prendre.

Les Gardes Nationales des Communes peuvent, sans contredit, être très utiles à nos armées, mais il ne faut leur demander que le service qu'elles peuvent faire. Si l'on excepte celles des villes principales qui forment une masse de gens armés assez considérable, et qui sont pourvues de fusils et de canons, celles des villages ne sont pas en état, séparément, de faire face et de manœuvrer avec avantage en présence d'un régiment ennemi. Il est même superflu et dangereux de les commettre ; mais lorsque l'ennemi est campé ou cantonné, elles peuvent éclairer ses mouvements, par des patrouilles fréquentes, avec l'attention de les former d'une force à peu près double de celles de l'ennemi et de leur faire suivre plutôt les sentiers que les grandes routes. Il faut que ces patrouilles s'embusquent pour surprendre, s'il est possible, celles des ennemis et qu'elles fassent en sorte de tirer leur premier feu à couvert.

Il faut que les communes observent les convois destinés pour les armées ennemies, qu'elles examinent avec soin la force des troupes qui les escortent et qu'elles envoient, en avant, des avis pour qu'on puisse, en réunissant promptement les forces de plusieurs communes, en plus grand nombre, attaquer, avec succès, l'escorte du convoi et l'enlever.

Les Communes doivent encore examiner, avec le plus grand soin, la position des ennemis et leur nombre, pour en faire donner avis tant à nos armées qu'au Département. Sur le nombre, il ne faut pas qu'elles s'en rapportent à ce qu'on leur dira ; les on-dit sont trompeurs et la terreur exagère ; pour rapporter, il faut avoir vu et bien vu. Pour cela, il ne faut pas envoyer des gens armés qui ne s'approcheraient pas impunément des corps ennemis et qui ne pourraient que mal observer, mais il faut faire espionner l'ennemi par des bûcherons qui, en revenant du bois, longent ou traversent l'armée ennemie ; par des pêcheurs, par des pâtres, par des femmes, par des gens travaillant à la terre ; il faut qu'ils comptent les uniformes différents soit d'infanterie, soit de cavalerie, et qu'ils observent si l'ennemi traîne avec lui du canon. Ensuite, les Communes doivent passer les avis utiles par des gens fidèles, intelligents et bons patriotes, tant à nos Généraux qu'aux Corps Administratifs qui tiendront compte aux Communes des frais faits pour messages utiles à la Patrie.

Lorsque l'ennemi envahit un canton et se présente avec des forces supérieures, pour pouvoir espérer lui résister, il convient que dans les villages tous les jeunes gens armés se replient, à la hâte, sur nos armées, pour ne pas laisser prendre leurs armes, mais les pères de famille peuvent rester, sans armes, pour la garde des habitations. Sans cette précaution, l'ennemi enlèverait successivement toutes nos armes. Si, ensuite, ces jeunes gens ne peuvent s'absenter que quelques jours, ils pourront retourner chez eux, sans armes, et se borner à envoyer des avis fréquents de la position et de la force des ennemis dans leurs villages et aux environs.

Toutes ces précautions sont essentielles, si nous ne voulons pas perdre nos armes, car l'ennemi paraît plus empressé de nous enlever nos armes que de nous faire des prisonniers.

Les grandes villes, comme Nancy et Lunéville, ont une Garde Nationale importante par le nombre, par sa tenue, par ses armes et par le zèle qu'elle montre pour la défense de la Patrie, et celles de Nancy et de Toul ont du canon à leur disposition ; mais on pense que ces troupes ne peuvent être plus mal placées que dans l'enceinte des villes qu'elles ont à défendre ; elles n'y peuvent déployer leurs forces. Nancy, par exemple, présente une vaste enceinte qui est attaquable dans presque tous ses points, et la Garde Nationale, en se divisant, ne pourrait se défendre efficacement dans aucun point et, par une défense impraticable, elle exposerait la ville à sa destruction, et sans aucun espoir de succès. Au contraire, les approches de cette ville sont très faciles à défendre. Il est aisé, par exemple, de défendre le passage de Frouard au confluent de la Meurthe et de la Moselle. Si l'ennemi qui est dans la Woëvre, arrivait par les routes de la chaussée de Pannes, les Quatre-Vents, Marbache et la tranchée, la position de Frouard présente des moyens de disputer, avec succès, ce passage à trois ou quatre mille ennemis.

S'il se présentait des détachements, de l'autre côté de la Meurthe, on pourrait encore disputer, avec avantage, le passage de cette rivière aux ponts de Bouxières, Malzéville et Essey.

Si l'ennemi, venant de Thiaucourt et Verdun, arrivait à Nancy par Toul, il serait facile de l'arrêter aux gorges des bois de Haye.

On doit présumer que pour prendre Nancy, il n'enverra pas plus de 2 à 3 mille hommes et que, tant que Metz ne sera pas pris, il ne hasardera pas de détacher un corps plus considérable pour cette opération. Or, c'est ce corps de 2 à 3 mille hommes qu'il s'agit de combattre avec succès, de l'empêcher d'arriver à Nancy, de lui disputer le terrain en prenant des postes avantageux où la Garde Nationale et son canon puissent opérer avec succès. Il faut, enfin, qu'au moins l'ennemi soit retardé dans sa marche et qu'il ne puisse franchir les passages en question, qu'après avoir perdu beaucoup de monde et, si des forces supérieures venaient à forcer ces passages et que l'ennemi pénétrât jusqu'à Nancy, il faudrait que la Garde Nationale de Nancy se repliât sur Lunéville et, en disputant le passage des ponts de Saint-Nicolas, elle se replierait ensuite, avec les Gardes Nationales de Saint-Nicolas, sur Dombasle, où elle pourrait être fortifiée par les forces de Lunéville, pour disputer le passage du Sanon.

Par ces manœuvres, l'ennemi serait perpétuellement harcelé, serait exposé à combattre sans cesse dans des positions désavantageuses, perdrait beaucoup de monde, et nos patriotes ne perdraient pas leurs armes, comme cela est arrivé partout où les ennemis ont passé.

Pour les barrages des ponts et les coupures des routes, il est évident qu'il faut faire ces opérations avec des moyens prompts qui n'emploient pas plus d'une heure de travail, mais ils ne doivent s'exécuter qu'autant que le besoin est réel et prochain, parce qu'en le faisant sans nécessité ou avant le moment convenable, ce moyen tournerait contre nous en arrêtant nos transports utiles. D'ailleurs, sitôt qu'une route est coupée, la nouvelle en est bientôt répandue et, par ce

moyen, les ennemis étant prévenus se précautionnent contre
cet obstacle. Il faut, au contraire, les amener à l'obstacle sans
qu'ils l'aient prévu. De même, quand on est embusqué dans
une excellente position, il est imprudent de tirer trop tôt ; il
faut, sans bruit, les laisser embarquer dans un mauvais
poste et faire sur eux un feu dont on soit sûr de l'effet. »

Ces instructions s'adressaient aux Citoyens armés, aux
Gardes Nationales ; le Département ne songeait pas aux
Volontaires. En effet, les Bataillons de Volontaires
étaient aux ordres des généraux et ceux qui restaient
dans la Meurthe pouvaient être déplacés d'un moment
à l'autre.

Les cinq premiers Bataillons de la Meurthe levés en
1791, combattaient, sous les ordres de Dumouriez, dans
les plaines de la Champagne, sauf le 4ᵉ Bataillon qui
participait à la défense de Thionville.

A l'appel de la Patrie en danger, la Meurthe avait
formé cinq nouveaux Bataillons. Le 6ᵉ, de Nancy, et le 7ᵉ,
de Toul et Vézelise, ayant reçu les fusils des Gardes Nationales qui, en échange, avaient touché les armes des
arsenaux de Nancy et de Toul, purent partir de suite :
le 6ᵉ à Sarrelouis et le 7ᵉ à Metz ; mais les trois autres
attendaient que leur armement fût achevé.

D'après une situation de l'armée du Centre, voici quelles étaient les garnisons de la Meurthe, au 3 septembre 1792 :

A Toul, dépôts des 102ᵉ et 103ᵉ d'infanterie ; du 7ᵉ dragons.

A Nancy, 8ᵉ et 9ᵉ Bataillons de la Meurthe.

A Lunéville, 10ᵉ Bataillon de la Meurthe. Dépôts du
13ᵉ Bataillon d'infanterie légère et du Bataillon de
l'Yonne.

A Dieuze, 6ᵉ Bataillon des Fédérés.

A Phalsbourg, dépôt d'un Régiment d'Infanterie,
37 Artilleurs, 250 hommes de la Légion de Kellermann,
1000 Volontaires des Vosges, dépôt du 2ᵉ Chasseurs à cheval.

Toutefois, si les Volontaires n'étaient pas directement
à la disposition des Administrateurs, l'autorité civile
avait droit de requérir la force publique et nous ver-

rons, en octobre, les Volontaires occuper les Postes de Frouard.

En attendant, et bien que nous anticipions un peu sur les événements, voici, d'après les pièces de dépense, les premières gardes placées dans les Postes de Défense, au lendemain de Valmy.

Aux Postes de Foug, une garde de :

7 hommes, du 21 au 26 septembre ;

10 hommes, du 27 septembre au 15 octobre inclus.

Aux Postes des Fonds-de-Toul, une garde de :

13 hommes, dont 1 sergent, 1 caporal, 1 tambour, du 21 septembre au 15 octobre inclus.

Aux Postes de Frouard, une garde comme aux Fonds-de-Toul.

Aux Postes du Rupt-de-Mad, des gardes comptant :

155 hommes, du 27 ou du 28 septembre au 1er octobre.

144 hommes, du 1er octobre au 19 inclus.

Les 144 Gardes Nationaux, qui ont pris la garde à partir du 1er octobre, se répartissaient, dans les différents postes, sauf de légères variations dans les cadres au moment des relèves, comme il est indiqué au tableau suivant :

NOMS DES POSTES	Officiers	Sergents	Caporaux	Hommes	Tambour
Thiaucourt	1 s.-l¹	1	1	14	
» (2ᵈ poste)			1	12	
Flirey		1	1	14	
» (route de Beaumont)	1 s.-l¹		1	12	
Côte Saint-Pierre	1 capᶜ	1	1	14	1
» (2ᵈ poste)			1	10	
Côte St-Pierre (vieille route)	1 lieut¹	1		10	
» (2ᵈ poste)		1	2	22	
Essey		1	1	16	
TOTAUX	4	6	9	124	1
TOTAL GÉNÉRAL			144		

Les gardes, relevées tous les trois jours, étaient four-
nies par les cantons du District de Pont-à-Mousson suivant un certain tour. Ainsi, pour la première garde, du
27 ou 28 septembre au 1er octobre :

Les deux postes de Thiaucourt sont occupés par les
Gardes Nationaux du canton de Thiaucourt (2e Bataillon).

Le premier poste de Flirey, par les Gardes Nationaux
du canton de Dieulouard (5e Bataillon) ; le second, par
ceux du canton de Flirey (6e Bataillon).

Le premier poste de la Côte Saint-Pierre (nouvelle
route), par les Gardes Nationaux du canton rural de
Pont-à-Mousson (3e bataillon) ; le second, par ceux du
canton de Belleau (1er Bataillon).

Le premier poste de la Côte Saint-Pierre (ancienne
route), par les Gardes Nationaux du canton de Pont-à-
Mousson ville (9e Bataillon) ; le second, par ceux du canton de Nomény (8e Bataillon).

Enfin le poste d'Essey, par les Gardes Nationaux du
canton de Thiaucourt (2e Bataillon).

Si les troupes de la défense avaient suffisamment d'infanterie pour occuper les Postes, elles manquaient de
cavalerie, pour la découverte et la liaison. Dès le 16 septembre, le Commandant général Rasquinet demande, au
District de Pont-à-Mousson, 25 cavaliers. Le District publie l'adresse suivante :

« Citoyens, les ennemis sont à nos portes, ils enlèvent les
subsistances de nos frères ; bientôt, peut-être, ils vous prive-
ront des vôtres, si vous ne faites les derniers efforts pour les
empêcher de pénétrer dans votre territoire. Les membres du
Conseil du Département de la Meurthe, dans leur vive sollicitude sur ces dangers qui environnent leurs administrés et
qui semblent plus particulièrement menacer le territoire de
ce District, viennent de nommer trois Commissaires versés
dans la connaissance du Génie, pour se transporter dans tous
les points du territoire de notre District, reconnaître ceux
qui leur paraîtraient les plus propres à y établir une défense, se concerter avec nous et Messieurs les Commandants
de Légion, pour y rassembler des forces suffisantes et capables, non pas de résister à une armée entière, parce que les

généraux en sont chargés et s'en occupent, mais pour mettre nos administrés à l'abri des incursions ennemies, prévenir à temps l'Administration des coups de main dont ils peuvent à chaque instant être frappés, prendre les mesures que les circonstances nécessiteront et établir une correspondance sûre et prompte, pour connaître les mouvements des armées. En conséquence, il vient d'être déterminé, par Messieurs du Conseil du Département, qu'il serait établi, comme point important, un Poste de Défense sur la hauteur de Thiaucourt, lequel poste sera commandé par le sieur Humbert, Adjudant général de la Légion de ce District, nommé à cet effet par M. Rasquinet, Commandant général des Postes de Défense du Département. Pour que ce poste produise l'avantage que l'on a droit d'en attendre, et puisse se soutenir d'une manière plus utile, le Commandant général vient de nous faire une invitation de lui procurer, sur la totalité de ce District, vingt-cinq hommes à cheval propres à coopérer avec succès à la défense dont il est chargé, et il assure qu'il ne peut la soutenir efficacement sans le secours de la cavalerie, que c'est d'ailleurs le seul moyen de correspondre promptement avec nos armées et éclairer la marche des troupes ennemies, chose qui doit nous intéresser essentiellement. Par ces considérations, le Conseil du District invite tous les bons citoyens qui sont jaloux de la gloire de bien mériter de la Patrie et qui ont des chevaux à leur disposition, à se dévouer eux-mêmes au service de cette cavalerie ou de faire le sacrifice momentané de leurs chevaux, au nombre demandé par le Commandant général. Le Conseil peut assurer que si aucun des citoyens, par l'effet du service qu'il rendra à la chose publique, perdait son cheval, le prix lui en serait complètement remboursé ; invite pareillement les Municipalités d'appuyer, avec l'énergie qui les distingue, la présente proclamation, d'ouvrir un registre à cet effet pour y recevoir les soumissions des Citoyens qui seront disposés à composer cette cavalerie qui sera soldée dès l'instant de son service, et de rendre compte au Conseil des progrès que cette souscription opérera, afin que lui-même en donne connaissance au Commandant général, pour que cette organisation s'exécute avec la célérité que l'imminence du péril exige.

À Pont-à-Mousson, en assemblée générale du Conseil permanent du District, le 16 septembre 1792.

VILLANDRÉ, *Président.*

DUDOT, *Secrétaire général.*

Le Conseil de la Meurthe consulté, autorise, le 8 septembre, le Commandant général, à lever 25 hommes à cheval, qui recevront un écu par jour, pour indemnités de vivres et fourrages, à dater du moment où ils seront en activité de service.

Le Maire de Nancy expose, par lettres du 20 et du 25 septembre, que plusieurs hussards faits prisonniers à Longwy, cherchent du service, et que l'on pourrait les employer aux Postes de Défense. Pour 8.000 livres, on pourrait monter 30 hommes que la Municipalité armerait de pistolets. Le Conseil de la Meurthe repousse cette originale proposition.

Enfin, le Commandant général écrit, le 28 septembre, qu'il n'a pu trouver, dans les campagnes, les hommes et les chevaux nécessaires pour la cavalerie. Il croit qu'il serait possible de trouver, à Nancy, 40 à 50 Citoyens montés, qui se dévoueraient à ce service. Ces cavaliers, au nombre de 50, seraient répartis : 25 à Nancy, 10 à Toul, 10 à Pont-à-Mousson et 5 à Thiaucourt ; ils pourraient même seconder la Gendarmerie Nationale devenue insuffisante, à cause du grand nombre de déserteurs et gens sans aveu qui se répandent de tous côtés.

Le Conseil de la Meurthe délibère, à ce sujet, le 29 septembre, et, « convaincu de l'indispensable nécessité, pour le Commandant général, d'avoir à sa disposition un détachement de cavalerie, soit pour servir la correspondance avec les Généraux et le Conseil, soit pour porter les ordres d'un poste à l'autre, soit pour aller à la découverte des ennemis, soit enfin pour appuyer les piquets de Gardes en cas d'attaque », autorise le Commandant général à lever 50 hommes de cavalerie, qui seront payés sur la base de 3 livres par jour, pour un simple cavalier.

Ces appels ne semblent pas avoir eu grand succès. Nous trouvons seulement, sur les pièces de dépense de l'Adjudant général Humbert, mention de 2 chasseurs payés à raison de 40 sous par jour, du 2 au 19 octobre ; et sur les pièces de dépense de l'Adjudant général Fromental « A 6 cavaliers enregistrés dans la compagnie, pour 4 jours, à 3 livres chacun par jour : 72 livres. »

Malgré l'absence de cavaliers, les troupes de la Défense avaient un effectif plus que suffisant, mais leur force dépendait beaucoup moins du nombre d'hommes, que des moyens de résistance mis à leur disposition. Les Administrateurs de la Meurthe le comprirent et mirent tous leurs soins à se procurer le matériel de guerre indispensable.

Ayant déjà traité la question des fusils, il nous reste à étudier celle des munitions.

Les cartouches distribuées en 1791 existaient encore dans les Districts, témoin cette lettre de Vézelise au Procureur Général Syndic du Département :

Vézelise, le 31 Juillet 1792.

MONSIEUR,

Pour satisfaire au vœu de votre lettre du 27 de ce mois, le Directoire du District me charge de vous annoncer que les 200 livres de poudre et les 500 livres de balles reçues du magasin de Toul, lors du départ du Roi, ont été remises à la Municipalité de cette ville, qui les a fait mettre en cartouches, ce qui en a produit 8.000. Cette quantité existe encore, à un cent près, qui a été distribué aux Gardes Nationales pour en faire usage, en cas de besoin, au poste.

Le Procureur Syndic du District de Vézelise.

Le Département fait une nouvelle distribution de cartouches aux Districts, vers le 18 août.

Nancy, le 18 Août 1792.

MESSIEURS,

J'ai l'honneur de vous prévenir qu'en exécution de l'article 13 de la Loi du 8 juillet dernier, il vient d'être mis à la disposition du Directoire du Département la quantité de 8.980 cartouches à balle, pour être distribuées entre tous les Districts.

Je vous prie en conséquence, Messieurs, de charger quelqu'un, de votre part, de recevoir votre contingent, pour en faire le transport dans votre chef-lieu. Comme les cartouches sont dans de grands barils dont il sera nécessaire de les tirer pour en faire le partage, il faudra que vous veuilliez bien

7

recommander, au porteur de vos ordres, de se munir d'une caisse suffisante pour contenir votre part et la mettre à l'abri des injures du temps.

Le Procureur Général Syndic.

De plus, Toul et Nancy fabriquent des cartouches, mais l'Adjudant général Valory se plaint qu'il est difficile de les toucher :

Toul, le 29 Septembre 1792.

MESSIEURS,

Je viens de payer la somme de 185 livres pour fournitures de papier, etc., et la facture de 21.000 cartouches. Je ne sais par quel abus cette munition se trouve à la réquisition de l'officier qui commande dans la place de Toul, tantôt un lieutenant-colonel, tantôt un capitaine ou commandant de légion de la Garde Nationale. Ne vous paraît-il pas ridicule que les munitions de guerre se trouvent à la dévotion des premiers venus, et ne l'est-il pas davantage que les réquisitions du Conseil soient soumises à des subalternes ? J'ai signifié au sieur Thomas, garde de l'arsenal, qu'il eût à faire droit aux réquisitions du Conseil du Département sans les soumettre au Commandant de la place qui ne peut, un seul instant, en empêcher l'effet. Je vous engage, Messieurs, à remettre à la réquisition du Commandant général et des Adjudants généraux des Postes de Défense, 60.000 cartouches, dont le Département fait les frais et que l'on pourrait enlever à la Garde Nationale au premier ordre du Commandant de la place. Il serait pressant de signifier un ordre précis au sieur Thomas, garde de l'arsenal, de ne se dégarnir de cette poudre qu'entre nos mains.

La suite de cette lettre adressée aux Administrateurs délégués pour s'occuper des Postes de Défense, parle de l'achèvement de la redoute de Savonnières, et nous l'avons déjà reproduite.

Le Conseil de la Meurthe s'empresse de donner satisfaction à Valory, « considérant que des circonstances extraordinaires peuvent nécessiter l'emploi des cartouches et que des Citoyens postés pour repousser les ennemis, doivent toujours être pourvus de munitions de guerre, requiert les officiers ayant inspection et commandement de la place de Toul, ainsi que le garde-magasin de l'arsenal de cette ville, de délivrer au Citoyen Rasquinet, Commandant général des Postes de Défense, ou au Citoyen Valory, son Adjudant général, les 60.000 cartouches qui ont été faites par les ordres et sur les avances de l'Administration du Département. »

Le Département avait donc suffisamment de munitions.

En ce qui concerne les objets de campement, nous connaissons les propositions du Plan de Défense. Le 12 septembre, M. Thomassin, Administrateur-délégué, rapporte, au Directoire de la Meurthe, qu'il n'y avait, dans les magasins militaires, que des tentes et que les bidons, gamelles et autres objets nécessaires aux Postes de Défense, manquaient absolument. Le Directoire l'autorise à se procurer, par adjudication au rabais, les différents effets dont on peut avoir besoin pour le campement. Quant aux outils nécessaires pour élever des retranchements et faire les différents travaux projetés, il a été arrêté que les Directoires des Districts de Toul et de Nancy mettraient à la disposition de M. Thomassin, les différents outils qu'ils ont en magasin pour les ateliers de charité.

Le 13 septembre, sur le rapport fait par M. Thomassin que l'on trouverait des marmites à louer moyennant la somme modique de 15 sols par mois, le Directoire l'autorise à les emprunter, et arrête que ces marmites ne seront plus comprises dans l'adjudication autorisée.

Le Directoire arrête encore que le Garde-magasin de Toul sera requis de délivrer, sous récépissés, les haches, serpes et autres outils nécessaires pour l'élévation des retranchements ou le creusement des fossés.

Le même jour, 13 septembre, l'adjudication au rabais, pour une fourniture de gamelles, bidons et gobelets de fer blanc, est faite à Nicolas Krantz, ferblantier, et approuvée par le Conseil de la Meurthe.

Enfin, mieux que tout autre document, la lettre suivante de Valory aux Administrateurs de la Meurthe, nous donnera d'intéressants détails sur le campement aux Postes de Défense :

Toul, le 26 septembre 1792,
an 1er de la République.

MESSIEURS,

Le prix exhorbitant des couvertures de laine, quelque vieilles qu'elles soient, m'a forcé de recourir à un moyen moins onéreux pour mettre la garde de mes postes à couvert pendant son repos. J'ai pensé que des tapisseries pourraient remplacer les couvertures et qu'elles auraient l'avantage de résister plus longtemps au service des Corps de garde. Je me suis procuré provisoirement deux tapisseries de résistance, pour le prix de 44 livres. Elles peuvent couvrir seize hommes. Le Conseil, en adoptant ce moyen économique pour tous les postes du Département, trouvera des ressources, à Toul, à beaucoup meilleur compte qu'à Nancy.

La lumière, au prix où sont les suifs et dans un temps où les nuits sont longues, est un objet sur lequel le Conseil peut s'arrêter un instant. Je lui proposerai de faire fournir, à chaque tente, une lanterne munie de sa lampe, qui serait suspendue sous le mât; on y brûlerait l'huile la plus commune et la plus vieille. Cette économie multipliée par tous les postes donnerait un résultat très satisfaisant.

Dans ma dernière visite des Communes du District de Toul, j'ai découvert, dans celle de Bulligny, canton de Blénod, 12 petites pièces de canon de fonte, d'une demi-livre de balles, dans le Corps de Garde de l'endroit. Cette découverte est d'autant plus intéressante, que nous avions à regretter de ne pas avoir en notre pouvoir des pièces assez légères pour éclairer nos bois et attendre l'ennemi au débouché. Celles-ci peuvent être menées et manœuvrées par quatre hommes, dans les lieux les plus difficiles. J'ai consulté, dans le canton de Blénod, des charrons et maréchaux qui consentent à entreprendre la facture des affûts. L'estimation de chaque est portée entre 120 et 130 livres ; on peut douter qu'on les fasse ailleurs à meilleur compte. J'ai découvert pareillement deux pareilles pièces sur affûts, à Royaumeix. Je désirerais que le Conseil prît un arrêté au sujet des affûts et mît toute cette artillerie à ma réquisition.

Je représenterai que le district de Vézelise doit fournir son contingent en hommes, pour les postes du District de Toul ; cependant ma commission ne porte que pour le district de Toul, elle ne m'autorise pas à remplir mes fonctions dans celui de Vézelise. Cependant, il est essentiel que je me transporte dans ce District, avec des pouvoirs, pour mettre en réquisition les Citoyens qui doivent fournir à mes postes. Je prie le Conseil d'ajouter à la marge de ma Commission, des pouvoirs pour le District de Vézelise.

Le Garde de l'arsenal de Toul a refusé de remettre à ma réquisition les 50 paires de pistolets. Il a dû envoyer au Conseil une copie des lettres du Ministre de la Guerre et du Chef de l'Artillerie, qui mettent à la disposition des généraux de nos armées les armes qui se trouvent dans les arsenaux. »

En transmettant cette lettre, le Commandant général Rasquinet y ajoute ses observations :

OBSERVATIONS

SUR LES DEMANDES FAITES PAR LE CITOYEN VALORY,
ADJUDANT GÉNÉRAL,
A MM. LES ADMINISTRATEURS DU DÉPARTEMENT DE LA MEURTHE.

ARTICLE 1er. — Il est indispensable de pourvoir à ce que les Citoyens qui seront campés, puissent être garantis des influences du temps, qui pourraient être nuisibles à leur santé. MM. les Commissaires m'avaient autorisé à chercher les moyens les plus économiques pour parvenir à ce but ; les couvertures de laine sont d'un prix excessif et je crois que des tapisseries pourront y suppléer.

ARTICLE 2. — L'usage des camps n'étant pas de fournir de la lumière dans les tentes, je crois devoir retrancher cet objet très coûteux et plus dangereux qu'utile.

ARTICLE 3. — Les douze petites pièces de canon de fonte, d'une demi-livre de balles, seront d'une très grande ressource pour la défense des défilés et pour occuper des postes à la lisière des bois.

ARTICLE 4. — Il est essentiel d'ajouter à la Commission du Citoyen Valory, Adjudant général, le pouvoir de disposer de la Garde Nationale de Vézelise, pour le service des Postes.

A la suite de ces premières observations, le Commandant général ajoute :

OBSERVATIONS

Il est fort à désirer, pour le bien du service, que je puisse disposer des Volontaires Nationaux qui sont dans les différents points du Département ; l'économie et la sûreté des Postes se trouvent réunies dans ce projet.

Je prie MM. les Administrateurs-Commissaires composant le Comité de Défense du Département de la Meurthe, de porter leur attention sur tous les objets que j'ai l'honneur de leur soumettre ; je les invite à appuyer ces demandes qui me paraissent justes et à m'investir des pouvoirs qui y sont relatifs.

Le Commandant général des Postes de Défense,
RASQUINET.

Le 3 octobre 1792, le Conseil de la Meurthe délibère sur les propositions qui lui sont soumises, adopte la manière de voir du Commandant général sur les trois premiers articles, et néglige le quatrième article. Nous verrons plus loin que le Conseil admet également la participation des Volontaires Nationaux à la Défense du Département.

Les Gardes Nationaux de garde sont payés sur la base de 15 sous de solde, plus 5 sous d'indemnité de campement, soit une livre, par jour, au total.

Valory, aux Postes de Foug, paye 1 livre par homme et par jour, tous les trois jours et d'avance.

Fromental, aux Postes des Fonds-de-Toul et aux Postes de Frouard, paye, tous les trois jours et d'avance, 36 livres, 12 sous, 6 deniers, à 1 sergent, 1 caporal, 10 hommes et 1 tambour. Aucune pièce justificative n'étant produite, nous supposons que Fromental, sur la solde d'une livre (qui donnerait 39 sous, sans tenir compte des gradés, ou 45 sous, en donnant 2 soldes au sergent, et 1 solde 1/2 au caporal et au tambour) fait une retenue pour le pain et la viande, et à quelques hommes seulement.

Humbert, aux Postes du Rupt-de-Mad, paye les différentes gardes, du 1ᵉʳ au 4 inclus, du 4 au 7 inclus, du 7 au 10 inclus, etc., c'est-à-dire qu'il paye, selon les habitudes du temps, quatre jours tous les trois jours. Pour ces Postes, nous retrouvons des feuilles de prêt avec retenues pour la viande, à raison de 8ˢ 6ᵈ la livre, soit 4ˢ 3ᵈ la ration d'une demi-livre, et, pour le pain, à raison de 3ˢ 2ᵈ la livre, soit 66ᵈ 1/2 la ration d'une livre trois quarts. Mais presque toujours il y a de petites erreurs de deniers dans le décompte du pain. Les effectifs sont payés sur la base de 15 sous de solde, jusqu'au 13 octobre, puis de 18 sous 9 deniers à partir du 13 octobre.

1792
l'an 1ᵉʳ de la
République

DÉPARTEMENT DE LA MEURTHE. — DISTRICT DE PONT-A-MOUSSON
Décompte des Gardes Nationaux du canton de Pont-à-Mousson
Poste de Thiaucourt, du 1ᵉʳ au 4 Octobre inclus

NOMBRE des Gardes Nationaux	PAIE qu'ils ont par jour	MONTANT de ce qui est dû pour 4 jours	Montant de ce qu'ils ont reçu		TOTAL des deux objets	Ce qui leur revient
			en Viande	en Pain		
14 Fusiliers ...	» 15ˢ »	42 » »				
1 Sergent	1.10 »	6 » »	14. 9 »	18.16.9	33. 5.9	28. 4.3
1 Caporal	1. 2.6	4.10 »				
1 Sous-Lieutᵗ.	2. 5 »	9 » »				
		61.10 »	A. SAMSON.			

VI

NOUVELLES DES ARMÉES

Kellermann, à la tête de l'armée du Centre, avait quitté son camp de Frescaty, près Metz, le 4 septembre, à 9 heures du soir, pour coucher à Pont-à-Mousson où l'armée du Rhin lui envoyait un renfort de dix mille hommes. Le lendemain, 5 septembre, Toul écrit au Département :

« Nous venons de voir l'Inspecteur des vivres de l'armée du Centre, qui nous a assuré que M. Kellermann devait venir camper, ce soir, à Toul, avec une armée de vingt-cinq mille hommes, qui va au secours de Paris. Il a reçu un renfort de l'armée du Rhin. Nous venons de donner tous les ordres nécessaires pour le service des vivres et farines. »

En effet, par une seconde marche de nuit, Kellermann traversait le District de Pont-à-Mousson et arrivait à Toul, le 5 septembre, à minuit. Il en partait le lendemain et marchait très lentement dans la direction de Châlons par Void, Ligny, Bar, Revigny, Vitry.

Le 12 septembre, Kellermann écrivait aux Administrateurs de Toul :

Du quartier général de Bar-le-Duc, le 12 septembre 1792, l'an IV de la Liberté, 1er de l'Egalité.

Je vous prie, Messieurs, d'employer tous les moyens et tous vos soins pour apprendre, dans la partie de votre District et même depuis Toul jusqu'à Verdun d'une part, et jus-

qu'à Metz et Void de l'autre part, les mouvements et dispositions des ennemis. Pour cet effet, il faut que vous ayez toujours des gens afidés qui puissent vous rendre des comptes
très exacts et m'informer par des courriers extraordinaires,
si la circonstance l'exige, de tout ce que vous aurez pu
apprendre d'intéressant.

Je vais faire mettre votre ville en état de défense et renforcer la garnison de deux Bataillons de Volontaires Nationaux, persuadé que, par votre amour pour la Chose publique et le patriotisme dont vous êtes animés, vous ne sou-
frirez point que, sous aucun prétexte quelconque, la ville de
Toul se rende aux ennemis. D'ailleurs, si elle était attaquée je me porterais sur-le-champ à son secours. Vous pouvez le déclarer, de ma part, à vos concitoyens, en leur ajoutant que le Ministre de la Guerre vient de m'annoncer que
l'Assemblée Nationale est disposée à indemniser tous les
individus qui peuvent avoir souffert de l'approche des ennemis.

Le Général en chef de l'armée du Centre,
KELLERMANN.

Toul, assez embarrassé, avertit le Département. Celui-
ci répond, le 17 septembre, qu'il a chargé le Commandant
général des Postes de Défense de prendre des renseignements sur l'ennemi et de les communiquer au général
Kellermann, selon son désir.

Le 16 Septembre, Kellermann écrit à Lunéville :

Du quartier général de Vitry, le 16 septembre 1792,
l'an IV de la Liberté, le 1er de l'Egalité.

Vous voudrez bien, Monsieur, à la réception de la présente, faire sur-le-champ toutes vos dispositions, sans y mettre nul retard, à tirer de votre Bataillon la compagnie de
grenadiers ainsi que deux cents Volontaires des plus forts et
robustes, les mieux armés, habillés et équipés, qui se rendront, par détachement avec armes et bagages, à Metz, où
ils tiendront garnison jusqu'à nouvel ordre.

Si le Bataillon que vous commandez, n'a point de compagnies de grenadiers de formées, vous en tirerez toujours les
deux cents hommes dont je viens de parler. Vous ferez four-

nir à ce détachement, sur la présente lettre qui doit vous servir d'ordre, une route, par le Commissaire des guerres, pour se rendre à Metz.

Le Général en chef de l'armée du Centre,
KELLERMANN.

Cet ordre fut envoyé par le Maréchal de camp Favart, Commandant la place de Metz, aux Municipalités, pour être remis aux Commandants des Bataillons de Volontaires.

Dans la *Gazette nationale* du 21 septembre 1792, on lit, comme nouvelle du 16 septembre :

« Les grenadiers des Volontaires Nationaux en garnison à Nancy, Lunéville, Sarrebourg, Phalsbourg, Bouquenom (Saarunion), Fenestrange et Dieuze, ainsi que 200 hommes par Bataillon, bien habillés et armés, se rendent à Metz. Cette augmentation de troupes mettra cette ville dans un bon état de défense et servira également à donner du secours à Thionville. »

Nous ignorons si les 8e et 9e Bataillons de la Meurthe, en garnison à Nancy, ont reçu l'ordre de Kellermann et nous ne croyons pas qu'ils l'aient exécuté. Quant au 10e Bataillon, en garnison à Lunéville, il venait de partir pour Metz, et c'est grâce à cette circonstance que nous pouvons retrouver dans les archives de Lunéville, l'ordre de Kellermann accompagné d'un brouillon de réponse au Maréchal de camp Favart :

« 20 septembre.

« En réponse, Monsieur, à votre lettre, du 18 de ce mois, par laquelle vous nous communiquez la demande que fait M. Kellermann, de grenadiers et de 200 hommes armés des Volontaires Nationaux qui peuvent être dans notre ville, nous vous prévenons qu'il ne reste aucun Bataillon en garnison à Lunéville. Nous n'avions que le dixième bataillon de la Meurthe et il était parti, en outre........... avant votre missive. Il ne nous reste que trois dépôts, dont deux de Bataillons de Volontaires Nationaux et un dépôt d'Infanterie légère. Si nous avions eu un ou plusieurs Bataillons en garnison dans notre ville, nous nous serions fait un devoir de répondre à vos vues et de faire exécuter avec empressement les ordres du général Kellermann et les vôtres. »

Le 26 septembre, de Dampierre-sur-Auve, Kellermann écrit au Département pour approuver son Plan de Défense. A sa lettre, que nous avons déjà reproduite, était jointe la relation de la bataille de Valmy.

RELATION (1)

DE L'AFFAIRE DU 20 SEPTEMBRE 1792, ENTRE L'ARMÉE PRUS-
SIENNE COMMANDÉE PAR LE DUC DE BRUNSWICK, ET CELLE DU
CENTRE PAR M. KELLERMANN, GÉNÉRAL EN CHEF.

Les ennemis ont attaqué, dès la pointe du jour, M. Déprez-Crassier qui commandait mon avant-garde ; il s'est replié sur moi en se défendant avec valeur et intelligence. Les ennemis, en très grand nombre, ont marché sur plusieurs colonnes. M. de Valence, à la tête des Grenadiers et des Carabiniers, les a contenus longtemps sur une hauteur, en avant de celle où se formaient mes troupes ; et, pouvant difficilement pénétrer, ils ont prolongé leurs troupes, par ma droite, sous la protection d'une immense artillerie. Je me suis alors rangé en bataille, et quelque désagréable que fût la position que j'avais prise, étant bien loin de croire qu'une aussi grande partie de leur armée eut passé par la trouée de Grandpré, je leur ai présenté le combat, depuis sept heures du matin jusqu'à sept heures du soir. Ils n'ont osé m'attaquer, malgré la bien grande différence du nombre, et la journée s'est passée en une canonnade de 12 heures (2), de très près, ce nous a coûté beaucoup de braves gens. On dit que les ennemis ont prodigieusement perdu, surtout leur cavalerie et leur artillerie. Les troupes, commandées par M. Stengel, maréchal de camp, que M. Dumouriez avait

(1) Même relation dans le *Moniteur* du 24 Septembre 1792, avec quelques insignifiants changements de mots, mais des noms propres défigurés.

(2) Le *Moniteur* dit, par erreur, quatorze heures.

envoyé, ainsi que M. Chazot, lieutenant-général, pour renforcer mon armée, se sont brillamment conduites et ont fait environ 50 prisonniers. J'ai gardé ma position jusqu'à 10 heures du soir et j'ai, alors, pris un autre camp, sur la droite des ennemis qui ont laissé faire mon mouvement, quoiqu'il n'ait été fini que le lendemain matin, sans m'attaquer. Je ne puis rendre assez de justice à la valeur et au zèle des officiers généraux, supérieurs et particuliers, et à la conduite des troupes. Je les ai vues perdre des rangs entiers (par l'explosion de trois caissons incendiés par un obus) sans sourciller ni déranger leur alignement. Une partie de la cavalerie et surtout les Carabiniers ont souvent été exposés à un feu très meurtrier et sont des modèles de courage et de tranquillité. J'avais espéré que leur cavalerie engagerait le combat, et la mienne était disposée de manière à devoir espérer des succès.

M. de Sénarmont, maréchal *(de camp)* d'artillerie, a eu ainsi que moi, un cheval fortement blessé d'un coup de canon, et, parmi les camarades que nous regrettons se trouve M. Lormier, Lieutenant-Colonel commandant un Bataillon de Grenadiers Volontaires, officier distingué de toutes les manières. Embarrassé du choix, je ne citerai, parmi ceux qui ont montré le plus grand courage, que M. de Chartres et son aide-de-camp M. Montpensier, dont l'extrême jeunesse rend le sang-froid, à l'un des feux les plus soutenus que l'on puisse voir, extrêmement remarquable.

La nation française, après ce que j'ai vu hier, peut être sûre que les soldats les plus aguerris ne doivent pas l'emporter sur ceux qui se sont consacrés à la défense de sa liberté et qui ont bien montré que leur confiance en leurs généraux était entière, par la manière dont ils restaient à des postes périlleux.

M. Dumouriez est venu, deux fois (1), passer plusieurs heures, avec moi, aux batteries et m'aurait amené toute son armée, s'il n'avait craint d'être attaqué lui-même. Il m'a envoyé plus de troupes que je n'aurai dû en espé-

---

(1) Les mots « deux fois » ne sont pas dans le *Moniteur*.

rer dans sa position, et je ne puis que me louer de sa conduite avec moi.

Ma perte se monte aux environs de 250 hommes tant tués que blessés.

Le général en chef de l'armée du Centre,
Signé à l'original : KELLERMANN.

Après le rapport du chef, le récit du soldat publié dans le *Journal de Nancy et des Frontières*, du 4 octobre 1792 :

ARMÉE DU CENTRE

Du camp près de Sainte-Menehould, le 28 septembre, l'an premier de la République française,

La réunion de cette armée s'est effectuée, le 19 de ce mois, par la jonction des armées commandées par les généraux Kellermann et Beurnonville. Le premier commandait un corps de troupes de 25 à 30 mille hommes, et le second de 15 à 18 mille. Cette réunion a augmenté l'armée de Dumouriez de plus de 40 mille hommes de troupes aguerries et très bien disposées à recevoir et à repousser l'ennemi. (Elle se porte actuellement à plus de 80 mille hommes.) Aussi ce dernier (l'ennemi) a-t-il constamment cherché à empêcher cette réunion, et nous le devons à l'habileté et à la prudence de nos généraux ; un jour plus tard elle était traversée et peut-être même rendue impossible.

Le 20, l'ennemi ayant perdu tout espoir d'empêcher une réunion de forces qu'il redoutait, se mit en devoir de nous couper les vivres, en s'emparant de la grande route de Châlons à Sainte-Menehould, entre 5 et 6 heures du matin, la canonnade se fit entendre ; elle a duré jusqu'à 6 heures du soir. Le temps était mauvais, une brume très forte épaississait l'air, et l'on ne pouvait de loin distinguer les objets. L'infanterie n'a pu être d'aucune utilité, et l'avant-garde, commandée par M. Duval, et soutenue par l'armée de Kellermann, ont *(sic)* seulement fait usage de leur canon ; il est certain qu'il a détruit beaucoup d'ennemis, surtout des chevaux. Nous

avons perdu environ trois cents hommes et c'est à un
événement particulier que se rapporte cette perte. Un
de nos caissons de munitions était ouvert, un obus tiré
de l'armée ennemie éclate dans ce caisson et met le feu
aux poudres ; c'est cette explosion qui a occasionné notre
principale perte. Enfin, malgré la vivacité du feu de nos
canons, l'ennemi poursuivit son chemin et parvint à nous
couper la communication, avec Châlons, par la grande
route.

Le 23, l'ennemi fit un grand mouvement, nous étions
préparés à le repousser, lorsque les généraux firent prévenir l'armée qu'il n'y aurait, ni de part ni d'autre, aucune hostilité, aucun fait d'armes. En effet, nous nous
trouvâmes en présence les uns des autres, sans qu'il y ait
eu que quelques coups de pistolet tirés par nos vedettes non
instruites de la suspension d'armes. Cette suspension d'armes, demandée par l'ennemi, paraissait avoir pour objet
la retraite d'un pays dans lequel il ne peut plus subsister,
où, de toutes parts, il est entouré de Français qui n'ont
pas juré en vain de vivre libres ou mourir. Nous sommes toujours en présence les uns des autres, et notre
point le plus éloigné ne se porte, au plus, qu'à trois quarts
de lieue ; ainsi, quand ils voudront danser, nos violons
sont prêts. Mais si les négociations continuent toujours,
l'activité de nos généraux ne se ralentit pas sur les
moyens à forcer l'ennemi, et je crois fermement que,
dans peu, tout ce qui lui reste de communication avec les
traîtresses villes de Longwy et de Verdun, sera coupé ou
tellement entravé qu'ils seront obligés de se manger
entre eux s'ils veulent vivre.

Malgré la suspension d'armes, le 23, à cinq heures et
demie, le canon se fit entendre, et voilà comment il ne
faut pas se fier aux Prussiens. Voici ce qui y a donné
lieu : ils manquaient de vivres et ils avaient fait passer
des ordres, dans tous les villages, pour que les habitants
aient à leur en apporter dans leur camp de Berthemont.
Un village, en avant et à droite de notre avant-garde,
avait été sommé de fournir 6.000 livres de pain, etc ;
à trois heures de l'après-midi du même jour, ces paysans

n'avaient pas obtempéré à l'ordre ; aussi une colonne de cavalerie ennemie se mit-elle en marche pour mettre ce village à contribution ; elle était soutenue par de l'artillerie légère qui, la première, tira deux coups de canon sur quelques-uns de nos postes de cavalerie avancés qui s'escarmouchaient avec leurs flanqueurs. Cette provocation de leur part fit jouer quelques pièces de nos canons, qui en démontèrent une des ennemis et portèrent, au surplus, un grand désordre dans leur cavalerie qui fut obligée de se replier et d'abandonner son entreprise.

Depuis ce moment, il n'y a pas eu un seul coup de fusil tiré. Les déserteurs abondent toujours et de temps en temps nous faisons quelques prisonniers.

De ce que les ennemis nous ont coupé la communication directe avec Châlons, nous avons été réduits, pendant deux jours, à manger du biscuit et, pendant trois jours ensuite, à manquer absolument de pain, parce qu'il a fallu faire prendre une nouvelle direction bien plus longue aux vivres. Dans ce moment-ci, nous manquons encore de fourrage ; le pays se trouve épuisé et nos chevaux ne se soutiennent que par une demi-nourriture, même sans avoine. Mais si notre position est critique elle va cesser et, au contraire, celle de l'ennemi va en empirant.

Malgré le très mauvais temps que nous avons éprouvé jusque hier, malgré la disette et la privation des denrées de première nécessité que nous ressentons encore, nous avons chanté et nous chanterons, même en mourant : « Ça ira, ça ira ! » — Que nos concitoyens, loin de se laisser abattre l'âme par des craintes pusillanimes, élèvent leur courage à la hauteur de la révolution, et qu'en hommes libres, ils sachent plutôt mourir que de courber la tête devant les tyrans. Qu'ils suivent, enfin, notre exemple ; rendons-nous dignes les uns des autres ; nous savons supporter la misère et nous saurons braver la mort plutôt que de céder une ligne de terrain à nos ennemis.............

Les pourparlers de l'ennemi continuent, il est aux

abois ; leur cavalerie périt très sensiblement ; les hommes désertent, d'autres meurent d'inanition, d'autres, pour se procurer des vivres, se font faire prisonniers. Voilà le résumé. Je vous donnerai d'autres détails dans le temps.

MATHIEU, né Vosgien, Français libre.
Capitaine au second bataillon de la Meurthe.

Enfin, le maire de Pont-à-Mousson copiait, pour l'envoyer aux Administrateurs de la Meurthe, une lettre que M. La Coste, Lieutenant-Colonel du 4ᵉ régiment de dragons, écrivait de Dampierre, le 24 septembre au soir, à Madame son épouse :

« Nous avons eu, ce soir, la meilleure nouvelle du monde : M. Dumouriez est allé dîner avec le roi de Prusse et demain Kellermann y va aussi. Le roi de Prusse ne veut plus de guerre, il demande à traiter pour les émigrés et que le roi soit constitutionnel comme il nous plaira ; enfin on est bien décidément à des propositions telles que le désir de la République peut seul y mettre obstacle. Hier au soir, en conséquence, les vedettes ont cessé de tirer les unes sur les autres et nos Volontaires portaient la soupe à manger aux sentinelles prussiennes qui leur baisaient les mains, les embrassaient et se félicitaient avec eux comme bons amis. En même temps, nos Volontaires leur portaient, en allemand, le décret de cent livres de pension concernant les déserteurs ; ainsi, quand il n'y aurait que ce point-là, le roi de Prusse y perdrait beaucoup, puisque s'il cessait d'entrer aux arrangements qu'il a proposés, il resterait toujours, auprès de ses troupes, la certitude du sort qui les attendait chez nous, opposé, comme la nuit au jour, aux pendaisons que leur promettaient de notre part les officiers et les émigrés. Voilà notre position actuelle ; j'ai cru qu'il valait la peine de t'en faire part, par un exprès, pour récompenser ton patriotisme.

Kellermann, les princes français d'Orléans, M. de Valence, sont venus, ce soir, me confirmer cette bonne nouvelle que nous ne regardions que comme gazette de soldats ; ainsi, tu vois, c'est du très certain.

Après en avoir fait part aux amis de la chose publique, tu devrais bien en faire enrager quelques aristocrates de ta connaissance ou plutôt, suivant les sentiments de ton âme, leur dire qu'il est plus que temps que tous les hommes se regardent décidément comme frères et oublient au plus tôt tous les torts respectifs.

C'est là mon vœu le plus cher ; puissions-nous ne trouver que des convertis. Adieu, ma chère bonne amie ; j'ai reçu cet après-midi...................................

Kellermann, en saluant nos grenadiers, leur a dit : « Je vous aime, autant que le roi de Prusse et les Prussiens vous estiment. » Il est donc à croire, aussi, que la fermeté incomparable de nos militaires, pendant la canonnade de l'autre jour, la plus violente qu'on puisse imaginer, a appris aux ennemis qu'il y avait fort à décompter sur tout ce qu'on leur avait dit sur une victoire facile, car il est de fait que dans cette longue et inquiétante position, les corps les plus maltraités, sans pouvoir tirer un coup de fusil, restaient absolument à essuyer, en panne, les horreurs de la guerre, personne, dis-je, n'a bougé d'un pouce.

Qu'on nous dise dans quel temps les soldats français peuvent avoir mieux fait. Adieu, encore une fois.

Félicitons-nous d'une première espérance de paix qui, très vraisemblablement, va avoir des suites qui nous rapprocheront pour l'hiver.

Le roi de Prusse déclare qu'il a été trompé par les émigrés, qu'il laissera l'Empereur se tirer d'affaire comme il pourra. Cela finira, sans doute, par être coloré de quelques grands arrangements politiques sur le Brabant, la Bavière et la Silésie.

..... Adieu. Tout à toi.

(Je soussigné, maire de la commune de Pont-à-Mousson, certifie que la présente copie est conforme à l'original.)

Les nouvelles étaient donc fort rassurantes et les prévisions orientées vers la paix. Mais c'est précisément au

8

moment où l'armée prussienne arrêtée dans sa marche, manquait de subsistances et songeait à la retraite, qu'il y avait à craindre que les coureurs et partisans ennemis ne vinssent fourrager dans la Meurthe. Aussi, c'est au lendemain de la victoire de Valmy, le 21 septembre, que le Département envoie quelques Gardes aux Postes de Défense.

A ce propos, le Directoire de la Meurthe rend, le 22 septembre, un arrêté exemptant les Commis du service de garde pris, à tour de rôle, par les Escouades de la Garde Nationale :

« Le Directoire, considérant que la Loi du 2 septembre, en décrétant que les bureaux des Commis étaient pour eux le poste du Citoyen, qu'ils doivent s'y trouver assidûment et s'y rendre, même de nuit, si le signal d'alarme est donné, a suffisamment déclaré l'incompatibilité du service de Garde Nationale, avec celui de Commis à l'administration ; que la Loi du 6 septembre, vu l'importance des travaux de l'administration et le préjudice que leur retard apporterait à la chose publique et aux intérêts des Citoyens, a décrété non seulement que l'on ne pourra requérir, pour marcher aux frontières, les employés à l'administration ni même les compagnons d'imprimeries nationales, mais que, si le zèle les portait à se présenter à l'enrôlement, on ne pourra les recevoir qu'autant qu'ils seront munis d'un certificat attestant que le service public n'en souffrira pas ; que la garde des Postes de Défense est un service extérieur payé comme celui des Volontaires Nationaux, entièrement assimilé à celui de la défense des frontières, et qu'on ne peut pas plus obliger à fournir un suppléant, dans l'un que dans l'autre cas ; que la modicité du traitement des Commis ne permet pas de les astreindre à payer un remplaçant ; que si les Citoyens ont une surcharge de plus par ce service, d'un autre côté les circonstances présentes occasionnent aux commis le double d'ouvrage, sans que leurs appointements soient augmentés, et qu'ainsi, en restant à leur bureau et en y vaquant à leur travail, ils ne méritent pas moins bien de la Patrie que les autres Citoyens ;

A délibéré, le Procureur Général Syndic ouï, que les chefs de bureau et commis des administrations de Département, Districts et Municipalités, ne pourront être commandés pour le service des Postes de Défense ni attenus à fournir des remplacements. »

Les Postes de Défense faiblement gardés au début, comme nous l'avons indiqué plus haut (1), devaient être bientôt plus sérieusement occupés.

(1) Chapitre V. Troupes de la défense p. 79.

VII

ALERTES AUX POSTES DE DÉFENSE

Le 1er octobre 1792, La Barolière, Commandant l'avant-
garde de l'armée de Kellermann, écrit, de Bar-le-Duc, au
Directoire de la Meurthe :

« Le Commandant des troupes à Bar, a l'honneur de faire
part aux honorables Citoyens du Directoire du Département
de Nancy, qu'il a eu, aujourd'hui, des avis que les ennemis
s'avançaient, en remontant la Meuse, sur Saint-Mihiel et
dans la partie de la Woëvre du côté de Woël et de Doncourt-aux-Templiers ; qu'il est possible que ce ne soit que des
troupes légères qui viennent piller les villages, mais il pourrait se faire, aussi, que ce soit une colonne de 5 à 6 mille
hommes, qui se dirigerait sur Nancy.

Si cela était, j'aurais l'honneur de vous proposer, au lieu
de garder les murs de votre ville, d'envoyer occuper le pont
de Frouard, derrière lequel on ferait un retranchement, ainsi
qu'à tous les gués qui sont sur la Moselle, de Frouard à Toul.

Il faudrait également occuper le village de Custines et
faire des abatis dans les bois au-dessus ; alors, ces mesures
vous donneraient tout le temps de voir arriver à votre secours, les amis de la Patrie, et si l'ennemi voulait passer par
Toul, vous garderiez les débouchés des bois de Haye.

Je crois, Messieurs, quil serait prudent de ne pas attendre
au dernier moment pour s'ocuper du retranchement du pont
de Frouard. Une grande connaissance du pays m'a mis à
même de vous indiquer les mesures que, peut-être, vous avez
déjà prises.

J'ai cru remplir mon devoir en vous en parlant, et j'espère que, quoique je n'ai pas l'honneur d'être employé dans ce département, vous ne le désapprouverez pas.

Le Maréchal de camp,
commandant l'avant-garde de l'armée de Kellermann,
LA BAROLIÈRE.

Le Conseil de la Meurthe, réuni d'urgence, décide que copie de la lettre de La Barolière sera envoyée au Commandant général Rasquinet « requis de prendre tous les renseignements et certitudes possibles, sur le fait dénoncé et de donner, d'après les connaissances qu'il pourra se procurer, les ordres que sa prudence lui suggérera, à l'effet de protéger les propriétés et personnes des Citoyens du Département et des environs. »

En outre, le Conseil délibère « que le Citoyen Thirion sera dépêché au Maréchal de camp La Barolière, tant pour lui porter l'expression de la reconnaissance du Conseil, pour l'avis qu'il lui a communiqué, que pour recevoir les instructions et nouveaux renseignements que le Citoyen La Barolière voudra bien donner. Le Citoyen Thirion passera à Saint-Mihiel, pour se rendre à Bar, et prendra, des Conseils du District et de la Commune de Saint-Mihiel, des informations sur l'existence et la marche des ennemis que l'on annonce, ainsi que sur la réalité des dangers que court le district de Saint-Mihiel, et sur les besoins qu'il peut avoir des Citoyens de la Meurthe très disposés à voler au secours de leurs frères de la Meuse. »

Aussitôt prévenu, le Commandant général Rasquinet répond, de Pont-à-Mousson, le 3 octobre, à minuit et demie :

        « Citoyens,

« J'ai reçu la lettre que vous m'avez fait l'honneur de m'adresser avec la copie de celle du Maréchal de camp La Barolière. En conséquence, je donne ordre à l'Adjudant général Fromental, de faire incessamment occuper les postes des ponts de Toul, Frouard et Marbache ; j'écris à l'Adjudant général Valory, de porter des forces aux postes de Foug.

« Dans tous les endroits, non plus qu'ici, les ouvrages ne sont pas encore achevés et nous n'avons pas assez de canons pour les bien garnir et les défendre. J'aurai l'honneur de vous faire, aujourd'hui, mes observations sur les différents objets qui me manquent ; en attendant, j'ai celui d'être, avec respect..... »

Voici les ordres envoyés, à une heure du matin, à l'Adjudant général Valory :

« Il vient de m'arriver un courrier, de la part du Département, qui m'apporte copie d'une lettre écrite par le Maréchal de camp, Commandant l'avant-garde de l'armée de Kellermann, par laquelle il annonce aux Citoyens Administrateurs du dit département, que les ennemis s'avancent, en remontant la Meuse, sur Saint-Mihiel, et dans la partie de la Woëvre, du côté de Woël et de Doncourt-aux-Templiers. J'ai l'honneur de vous prévenir de cette marche, pour que vous preniez vos précautions et que vous fassiez aussitôt occuper vos postes par un nombre d'hommes suffisant pour opposer une vigoureuse résistance aux incursions que les ennemis pourraient tenter sur les points de défense que vous devez occuper. Vous requerrez les Membres du District et de la Municipalité, de vous donner du canon et les munitions de guerre qui vous sont nécessaires.

J'aurai l'honneur de vous voir demain, en attendant j'ai celui d'être..... »

Des ordres analogues sont donnés aux deux autres Adjudants Généraux Fromental et Humbert. Ce dernier ne sont pas encore achevés et nous n'avons pas assez de Directoire du District de Pont-à-Mousson, qui arrête :

« Qu'il sera, sur-le-champ, envoyé un courrier, dans la ville de Saint-Mihiel, muni d'une lettre, à la Municipalité et au District, qui les invitera à donner tous les renseignements qui seront à leur connaissance, concernant la marche, le nombre et la direction de l'ennemi dans les

Cantons annoncés ; que le dit courrier prendra les mêmes renseignements dans les Communautés sur sa route
pour, en suite des réponses, être avisé ultérieurement
d'après les circonstances ; etc. »

Le même jour, 3 octobre 1792, à six heures du soir, le
courrier, le Citoyen Salle le jeune, rapportait la réponse
de Saint-Mihiel :

« Lecture prise de cette lettre, par laquelle il est
annoncé que l'ennemi s'était, en effet, porté et avait
pillé dans les communes des environs de Saint-Mihiel,
mais qu'il en avait été repoussé par l'arrivée d'un nombre considérable de Gardes Nationales armées ; d'après
laquelle lettre il a été arrêté : qu'elle serait communiquée
aux Citoyens de la ville, pour les rassurer et qu'il n'y
avait, quant à présent, lieu à aucune mesure extraordinaire. »

En conséquence, l'effectif des Postes du District de
Pont-à-Mousson n'est pas augmenté et reste à 144.

Dans le District de Toul, l'Adjudant général Valory
requiert des Gardes Nationaux pour les postes de Foug :
« Guy-Louis-Henri Valory, Adjudant général des Postes
de Défense du Département de la Meurthe, a l'honneur
de prévenir le Directoire du District de Toul, ensemble
le Conseil de la Commune de la ville de Toul, qu'il vient
de recevoir l'ordre, du citoyen Rasquinet, Commandant
général des Postes de Défense, d'assembler un nombre
de Gardes Nationales du District de Toul et de les porter
à la défense des postes des limites du dit District ; de requérir l'artillerie et les munitions nécessaires ; mais que
ces ordres ne tendent qu'à prévenir l'invasion d'un ennemi dispersé et à lui ôter les moyens de se rallier et de
nuire aux propriétés des Citoyens.

En conséquence, il prie le Directoire du District de
Toul de mettre à sa réquisition le nombre d'hommes,
l'artillerie et les munitions qu'il jugera indispensables à
la défense des propriétés ; d'envoyer dans les Communes
des réquisitions aux officiers de la Garde Nationale de

tenir prêts à marcher les hommes en état de repousser l'ennemi.

Il requiert provisoirement trois cents hommes qui devront se porter au Poste de Foug pour être employés selon les circonstances, quatre pièces de canon de 4 livres, deux pièces de moindre calibre, des munitions de guerre et les artilleurs nécessaires pris dans les compagnies d'artillerie de la ville de Toul. »

A leur tour, les Administrateurs du Conseil Général du District de Toul, requièrent le Citoyen Boulligny, Chef de Légion du District de Toul, « de mettre à la disposition du Citoyen Valory, à l'instant, trois cents hommes, tant de la ville que des campagnes, avec quatre pièces de canon de 4 livres et deux autres de moindre calibre, et les munitions nécessaires pour la défense du poste de Foug, où ils doivent se transporter. »

Conformément à cette réquisition, les Postes de Foug se trouvent occupés, en plus des dix hommes de garde, par 322 hommes et 23 canonniers, les 4 et 5 octobre. Valory conserve encore les canonniers et 50 grenadiers, les 6 et 7 octobre, mais, l'alerte passée, les Gardes Nationales requises rentrent à Toul.

De même, dans le District de Nancy, les Postes des Fonds de Toul sont occupés par un total de 79 hommes et 13 canonniers, les 4 et 5 octobre, réduit à 44 hommes et 13 canonniers, le 6 octobre ; les Postes de Frouard sont occupés par un total de 155 hommes (dont 60 à Marbache) et 14 canonniers, les 4 et 5 octobre, réduit à 58 hommes et 14 canonniers, le 6 octobre.

A cette époque, 3 octobre 1792, le Conseil de la Meurthe prenait une décision très intéressante, relativement aux 8e et 9e Bataillons de Volontaires de la Meurthe que les généraux laissaient en garnison à Nancy.

Un des administrateurs prenant texte de la proposition Fromental que nous avons vue (1) transmise et appuyée par Rasquinet, a fait la motion que les Volontaires Nationaux, en garnison à Nancy, fussent employés, comme la

_____

(1) Chapitre V. Troupes de la défense p. 79.

Garde Nationale, à la défense des Postes. Le Conseil, considérant qu'en cas de besoin et pour la sûreté des personnes et des propriétés, il peut requérir toute la force publique : troupes de ligne, gardes, gendarmes et volontaires nationaux ; que le service des Postes n'empêchera pas les Volontaires d'être prêts à partir au premier ordre du général ; que ce service ne peut que les former et les rendre plus propres au parti qu'ils ont embrassé ; a autorisé le Commandant général à requérir les Volontaires Nationaux, pour contribuer à la défense des Postes ; et, considérant d'un côté que nécessairement il leur en coûterait davantage en campagne que s'ils restaient à Nancy, et d'un autre qu'ils sont déjà payés par la Nation et qu'en allant aux Postes de Défense ils ne quittent pas, comme les autres citoyens, leurs ateliers, leurs femmes et leurs enfants, qu'en un mot ils ne perdent pas l'occasion de gagner ; voulant toutefois concilier l'économie avec la justice ; a arrêté qu'il serait accordé, par jour, à chaque Volontaire servant aux Postes de Défense, une haute paie de 3 sous 9 deniers. »

C'est ainsi que les Postes de Frouard sont renforcés par des Volontaires, tandis que les Postes des Fonds-de-Toul sont renforcés par des Gardes Nationaux.

Le 5 octobre, le Maire de Nancy, Duquesnoy, visite les Postes du District et en rend compte au Conseil général dé la Commune de Nancy.

« A l'ouverture de la séance, le Maire a dit qu'il avait été, avec le Commandant général Rasquinet et le Commandant de la Légion (Marin), visiter les Postes de Défense placés à Frouard et aux Ponts-de-Toul ; qu'il ne pouvait donner assez d'éloges à la Garde Nationale de Nancy postée aux Fonds-de-Toul, à raison de l'exactitude de son service et de sa tenue ; que chaque garde était disposé à rester à ce poste tant qu'on voudrait ; enfin qu'ils n'avaient formé qu'une demande de couvertures de laine qu'il est d'usage de donner dans les camps. »

Cependant, l'ennemi signalé ne dépassant pas Saint-Mihiel, les troupes de renfort se réduisent, comme nous l'avons dit, aux Fonds-de-Toul et à Frouard, dès le 6 octobre, et quittent les postes de Foug le 7 octobre. Mais le 9 octobre, nouvelle alerte du côté de Thiaucourt.

On lit dans le Registre des Délibérations de la Commune de Nancy, à la date du 10 octobre :

« Le Maire a rendu compte, au Corps Municipal, qu'hier, à neuf heures du soir, il a été prévenu qu'à deux heures après-midi, on avait battu la générale, à Pont-à-Mousson, sur l'avis qu'avait eu le District, que l'ennemi se présentait près de Thiaucourt, qui n'est qu'à trois lieues de cette ville et à sept de Nancy ; qu'il avait mandé le Commandant général des Postes de Défense et celui de la Légion (de Nancy) et s'était concerté avec eux sur les précautions à prendre en pareille circonstance ; que le Commandant général des Postes de Défense venait de recevoir une lettre du Commandant de la Garde Nationale de Thiaucourt, qui lui confirmait l'avis ci-dessus et lui demandait des munitions ; que les mesures de prudence qu'ils ont provisoirement prises sont :

1° De commander les Volontaires de se tenir prêts à marcher à la première réquisition ;

2° D'envoyer dix mille cartouches à Thiaucourt ;

3° D'envoyer deux courriers, l'un à la Municipalité de Pont-à-Mousson, pour lui offrir des secours, et l'autre à Thiaucourt, pour s'assurer avec exactitude de la position de l'ennemi ;

Que le courrier, de retour de Pont-à-Mousson, avait rapporté une lettre de la Municipalité de cette ville qui annonce avoir fait partir la Garde Nationale, pour voler au secours de Thiaucourt, qu'on avait promis de lui envoyer des courriers pour être sûr de la vérité des faits et que, n'en ayant reçu, la Municipalité pense que c'est une fausse alerte.

Le Corps Municipal a approuvé toutes les mesures prises par le Maire. »

En effet, le Directoire du District de Pont-à-Mousson avait adressé, le 8 octobre, aux Gardes Nationales, des réquisitions comme ci-dessous :

« Le Citoyen commandant le bataillon du canton de Pagny, donnera, à l'instant, des ordres, aux citoyens armés, de mar-

cher à l'ennemi qui s'avance sur Thiaucourt et Charey, afin
de le repousser. Il est fatigué et hors d'état de se défendre
avec succès ; ainsi, le courage et l'activité des Gardes Nationales suffira (sic) pour le mettre en déroute.

Les Citoyens Administrateurs du Directoire du District,
PICQUANT, THIERY.

Je me joins aux Citoyens Administrateurs et vous requiers
avec pareille instance.

HUMBERT, *Adjudant général.*

On remarquera, une fois de plus, que le Commandant
général et les Adjudants généraux des Postes de Défense
n'ont pas de troupes sous leurs ordres et qu'ils ne peuvent agir que comme délégués des autorités civiles, des
Administrateurs du Département ou des Districts.

Les pièces de dépense sont les seuls documents qui nous
donneront, comme d'habitude, quelques renseignements
précis sur l'effectif envoyé au secours de Thiaucourt.

Nous trouvons, tout d'abord, sur un « Etat des Dépenses faites par le Citoyen Humbert, Adjudant général,
pour les Postes de Défense du District de Pont-à-Mousson, la mention suivante :

« Payé à un fournisseur qui s'est chargé de faire transporter le bois nécessaire aux différents postes, y compris
la fourniture faite aux Gardes Nationaux, au nombre de
3.000, qui sont allés à Thiaucourt, le 9 octobre, lorsqu'il
y a eu une alerte ».

Nous ne pouvons nous approcher de ce nombre de
3.000 qu'en ajoutant aux Gardes Nationales payées par le
District de Pont-à-Mousson, lors de cette alerte, les Gardes Nationaux du canton de Thiaucourt (2° Bataillon de
la Légion de Pont-à-Mousson). D'une part, nous savons
que Thiaucourt avait, dès le début, manifesté une certaine indépendance; d'autre part, il est certain que les
Gardes Nationaux du Canton ont contribué à la défense
de leur ville directement menacée. Nous pouvons donc
admettre que le District n'a pas jugé à propos d'accorder
à la Garde Nationale de Thiaucourt, la solde de 18 sous
9 deniers (15 sous, plus 3 sous 9 deniers) allouée aux Gardes Nationales des autres cantons, pour leur déplacement.

D'après les feuilles de prêts analogues à celle que nous reproduisons plus loin, 1.965 Gardes Nationaux se sont rassemblés à Thiaucourt. Le 4ᵉ Bataillon (du canton de Pagny) a marché en entier avec ses grenadiers et ses compagnies de Pagny, Villers-sous-Prény, Norroy et Regniéville ; son effectif total de 990 est même supérieur à l'effectif de 837 que nous lui avions trouvé en avril, ce qui prouve que beaucoup de Gardes Nationaux légalement exemptés, ont voulu suivre leurs concitoyens. Le 6ᵉ Bataillon (du canton de Flirey) a fourni 62 hommes ; le 3ᵉ bataillon (du canton rural de Pont-à-Mousson) a fourni 221 hommes ; le 9ᵉ Bataillon (de Pont-à-Mousson) a fourni 432 hommes ; le 8ᵉ Bataillon (du canton de Nomény) a fourni 259 hommes.

Le tableau suivant donne la décomposition des effectifs :

GARDES NATIONALES qui ont fourni les détachements	4ᵉ Bᵒⁿ PAGNY		6ᵉ Bᵒⁿ Flirey	3ᵉ Bᵒⁿ Canton rural de Pont-à-Mousson	4ᵉ Bᵒⁿ Villers-sous-Prény (Pagny)	9ᵉ Bᵒⁿ Pont-à-Mousson	8ᵉ Bᵒⁿ Nomeny	4ᵉ Bᵒⁿ Norroy (Pagny)	4ᵉ Bᵒⁿ Regniéville (Pagny)	8
	Fusiliers	Grenadiers								
Colonel			1				1	1		
Chirurgien-Major........							1			
Commandant............	1			1			1			
Adjudant-Major				1			1	1		
Capitaines..............	7		1	4	1	7	2	1	1	1
Lieutenants.............	7	1	1	2	1	5	3	1	1	1
Sous-Lieutenants.........	14	2		6	2	12	4	2	2	9
Sergents	14	2	2	7		13	5	1	2	9
Caporaux			4	12	3	10	8		4	8
Fusiliers	648	76	53	188	71	380	235	77	48	8
Totaux	691	81	62	211	78	433	259	82	58	8

Total général : 1.965 hommes

Ces troupes ont été payées :

	Livres	Sols	Deniers
Pagny (fusiliers), 1 jour....................	795	18	9
— (grenadiers), 1 jour.....................	87	5	6
Flirey, 2 jours.............................	140	6	9
Canton rural, 2 jours.......................	496	14	2
Villers-sous-Prény, 1 jour..................	97	10	»
Pont-à-Mousson, 2 jours.....................	884	19	6
Nomény, 1 jour	291	12	3
Norroy, 1 jour..............................	88	2	6
Regniéville, 2 jours........................	134	11	6
TOTAL..............................	3.017	»	11

Nous donnerons en exemple une des feuilles de prêt mises comme pièces justificatives à l'appui du relevé des dépenses. On constatera que, comme presque toujours, il y a des erreurs dans les décomptes.

ETAT des hommes du 3ᵉ Bataillon de la Légion de Pont-à-Mousson qui ont été au secours des habitants de Thiaucourt pour deux jours.

NOMBRES		MONTANT	RATIONS		PRIX		OBSERVATIONS
		des Places	en	en	de la ration		Revient à chacun
des différents grades	des Places	18s 9d	Pain	Viande	de Pain 3s 9d	de viande 4s 3d	rations touchées déduites
			touchées à Thiaucourt				
1 Commandant.....	12	22.10 »					22.10 »
1 Adjudant........	3	5.12.6					5.12.6
4 Capitaines........	6	45 » »					45 » »
2 Lieutenants.......	5	18.15 »					18.15 »
6 Sous-Lieutenants .	4	45 » »					45 » »
7 Sergents	2	26. 5 »	7	3			24 6 »
12 Caporaux	1	22.10 »	12	8			18 7 »
18 Fusiliers	1	352.10 »	188	101			317 3 8
221 hommes..........	287	538. 2.6	207	102			496.14.2

Les chiffres 18¹ 7ˢ (caporaux) doivent être 18¹ 11ˢ.

Les fusiliers n'ont pas touché 101 rations de viande et les chiffres 317¹ 3ˢ 8ᵈ, doivent être 317¹ 5ˢ.

Par suite, les totaux 102 (déjà erroné) et 496¹ 14ˢ 2ᵈ doivent également être rectifiés.

Enfin, nous constaterons que les nombres des places (ou soldes) par grade ne sont pas les nombres habituels.

Si tous les Bataillons du District de Pont-à-Mousson n'ont pas marché pour l'alerte de Thiaucourt, à plus forte raison les Bataillons des autres Districts n'ont pas bougé. Toutefois Nancy, comme nous l'avons vu, a envoyé 10.000 cartouches, qu'elle a empruntées, en partie, aux Bataillons de Volontaires, ainsi que nous l'apprend une lettre écrite, par le Procureur Général, à l'Adjudant général Fromental.

Nancy, le 10 Octobre 1792.

L'an 1ᵉʳ de la République.

Citoyen,

Je vous envoie deux réquisitions : l'une pour vous faire remettre la quantité de 1.920 livres de balles qui existent à l'arsenal de Nancy, et l'autre pour la délivrance de 1.000 livres de poudre.

Vous voudrez bien pourvoir à ce que ces deux objets vous soient remis et donner les ordres nécessaires pour la fabrication des cartouches, sur lesquelles il sera convenable de rendre, aux deux Bataillons de Volontaires et à la Municipalité, ce qu'ils ont respectivement prêté au Citoyen Rasquinet, hier soir, pour envoyer à Thiaucourt.

Le Procureur Général, Syndic,

LE LORRAIN.

Cette fois encore, il s'agissait d'une fausse alerte ; l'ennemi ne s'avança pas jusqu'à la Meurthe et, bientôt, les Postes de Défense allaient être évacués.

VIII

EVACUATION DES POSTES DE DÉFENSE

Délibérations du Conseil de la Meurthe. — Evacuation des Postes de Frouard, du Rupt-de-Mad. — Evacuation des Postes de Foug et des Fonds-de-Toul (L. 70 et 411)

Le 15 octobre 1792, Kellermann invite le Commandant général Rasquinet à se porter sur Briey, avec des Citoyens de bonne volonté. Rasquinet donne aussitôt l'ordre d'évacuer les Postes de Défense et demande au Conseil de la Meurthe l'autorisation de répondre au désir de Kellermann. Nous nous occuperons dans le prochain chapitre du mouvement sur Briey ; nous traiterons dans celui-ci l'évacuation des Postes de Défense.

Dans la séance du Conseil de la Meurthe, du 16 octobre, « un administrateur a observé que l'évacuation de Verdun par les ennemis, rend absolument inutiles les Postes que le Conseil avait fait mettre en état de défense; qu'il ne faut pas abuser du zèle et de la bonne volonté des Gardes Nationaux et que, d'un autre côté, il faut cesser une dépense qui devient sans objet ; cependant qu'en abandonnant ces postes il faudrait pourvoir à la conservation des retranchements et redoutes qui ont été faits. »

Rasquinet, chargé tout d'abord de résoudre la question, étant parti pour Briey, le Conseil s'en occupe de nouveau, le 19 octobre, et nous lisons dans le Procès-verbal de la séance du matin :

« Le Conseil a invité les administrateurs Collière et Mallarmé, à se transporter à tous les Postes, à se faire représenter les effets de campement qui doivent s'y trouver et à les faire reporter à Nancy. Les Commissaires concerteront, en outre, avec les Municipalités voisines, les moyens d'empêcher la destruction des ouvrages et fortifications, soit par des personnes qui ont ou établiront leur domicile à proximité et auxquelles il sera accordé un léger salaire, soit de toute autre manière, mais de sorte que ceux qui auront la garde des ouvrages, répondront de leur conservation ; et, du moment qu'il y sera pourvu, les Commissaires préviendront les Chefs et Commandants des Gardes et Volontaires Nationaux que le service des Postes doit cesser. »

Le 23 octobre, « le Citoyen Mallarmé a rendu compte de la mission dont l'avait chargé le Conseil. Il a dit qu'il s'était transporté aux Postes de Frouard, Marbache et à ceux du District de Pont-à-Mousson ; qu'il avait fait ramener et mettre en lieu de sûreté les effets de campement ; que les ouvrages faits au Poste de Frouard lui ayant paru mériter particulièrement d'être conservés, qu'il a traité, en présence de la Municipalité de Frouard, avec Jean Lorigène et que ce Citoyen s'est engagé, moyennant dix-huit sous par jour, à veiller à la conservation des ouvrages défensifs qui ont été élevés près du pont de Frouard. »

Le Conseil approuve Mallarmé.

Le 2 novembre, « l'Administrateur Collière a rendu compte de la mission dont le Conseil l'avait chargé le 3 octobre. Il a dit que s'étant transporté aux Postes de Foug, il les avait trouvés entièrement évacués ; qu'il avait appris que les effets de campement, laissés d'abord à l'abandon, avaient été recueillis par le Commandant de la Garde Nationale de Foug, mais que plusieurs effets étaient égarés ; que les renseignements qu'il a pris n'ont pu les faire retrouver et qu'il manque 5 marmites, 5 gobelets, 2 gamelles, 5 grands bidons et 9 petits ; que 12 brouettes et un baril de cartouches ont été laissés à la garde de la Municipalité de Foug qui s'est chargée, en outre, de faire veiller, par les Gardes champêtres, à la conservation des ouvrages et retranchements faits aux Postes de Foug ; que tous les effets de campement qui avaient été portés aux Ponts de Toul s'y sont trouvés et ont été rapportés à Nancy, et qu'il a traité avec le Garde des Forêts nationales, qui demeure aux Baraques, à raison de 4 livres par mois, pour qu'il veille à la conservation des retranchements qui sont élevés de ce côté.

Le Citoyen Collière a ajouté qu'il avait rendu au Directoire du District une grande partie des effets qu'il avait prêtés, mais qu'il restait encore, à Thiaucourt, des effets de campement qu'il serait instant de faire revenir. »

Le Conseil approuve ce compte rendu, ainsi que le marché passé, par l'administrateur Collière, avec le Citoyen Joseph Renaud, Garde des Forêts de la Nation, à raison de 4 livres par mois, pour la garde des retranchements et fortifications élevés aux Ponts de Toul.

D'après les Pièces de dépense, les Postes des Fonds-de-Toul et de Frouard ont été évacués, le 15 octobre, conformément aux ordres de Rasquinet. Toutefois, le Secrétaire Général du Conseil de la Meurthe paiera encore quelques hommes de garde, après le 15 octobre. Les Postes de Foug ont, sans doute, été évacués le 15, mais Valory qui paye 90 livres d'avance, le 15, n'indiquant pas l'effectif de la Garde, il est possible que la Garde ordinaire de 10 hommes soit restée jusqu'au 20. Enfin, les 144 hommes de garde aux Postes du Rupt-de-Mad ont été payés jusqu'au 19 inclus.

MOUVEMENT SUR BRIEY

Lettre de Kellermann (Archives Municipales Reg. 8 p. 56). — Arrêté du 16 octobre (L. 411). — Lettre de la Meurthe à la Moselle (L. 411). — Envoi de l'arrêté du 16 octobre (L. 2.370) — Départs de Gardes Nationaux de Toul (L. 2.536). — Discussion entre Nancy et le département (Archives Municipales Reg. 8 p. 56). — Détachements partis à Briey ; pièces de dépenses. (L. 411). — Mission de Fromental près Kellermann (L. 411). — Retour des Gardes Nationales parties à Briey ; lettre de Kellermann ; lettre de Rasquinet ; réception à Nancy (*Journal de Nancy et des Frontières* du 28 octobre 1792 et L. 411). — Félicitations à Rasquinet (L. 411). — Réception de Kellermann à Nancy (L. 70).

Le 15 octobre 1792, Kellermann écrit au Citoyen Rasquinet, Commandant général des Postes de Défense du Département de la Meurthe :

> Au quartier général de Verdun, le 15 octobre,
> l'an premier de la République.
>
> J'ai reçu, Monsieur, la lettre que vous m'avez fait l'honneur de m'écrire, ainsi que le Plan de Défense que les Citoyens Administrateurs du Département de la Meurthe avaient jugé nécessaire d'établir ; je l'ai trouvé parfaitement bien fait, et il ne pouvait que mériter l'approbation de tous les militaires. Mais comme, dans ce moment, les mêmes motifs de son exécution ne subsistent plus, parce que les ennemis fuient de tous côtés, depuis qu'ils m'ont rendu Verdun dans le même état qu'ils l'ont pris, ce plan devient absolument inutile. Cependant, désirant faire valoir vos talents militaires, en vous employant utilement pour le bien de la chose publique, il faut tâcher de rassembler des citoyens de bonne volonté et vous porter, avec eux, sur Briey, où je désirerais que vous fussiez rendu le 18 de ce mois, et y attendre de nouveaux ordres que je vous ferai parvenir.
>
> *Le Général en chef de l'armée du Centre,*
> Signé à l'original : KELLERMANN.

Rasquinet s'empresse, le 16 octobre, d'écrire au Conseil de la Meurthe. Il annonce qu'il a fait suspendre les travaux et donné ordre aux postes établis dans les retranchements de rentrer. Il invite le Conseil à seconder le vœu du général Kellermann et à engager les Citoyens du Département à donner de nouvelles preuves de leur zèle et de leur bonne volonté à servir la République, en se réunissant à lui pour voler au poste désigné par le général commandant l'armée du Centre.

Lecture faite des deux lettres de Kellermann et de Rasquinet « le Conseil du Département, voulant déférer à la demande du général Kellermann et correspondre au zèle et au patriotisme du citoyen Rasquinet dont il verra, avec autant de plaisir que de confiance, les talents militaires employés à la chose publique, a arrêté, ouï le Procureur Général Syndic, qu'il serait, à l'instant, fait une invitation, au nom de la République, aux Citoyens faisant le service de la Garde Nationale dans les districts de Nancy, Pont-à-Mousson et Toul, par l'intermédiaire des Conseils de ces districts, — l'urgence ne permettant pas d'adresser la même invitation aux autres districts, dont le zèle et l'empressement ne seraient pas moindres,— de se réunir en armes et par compagnies de cent hommes, dans la ville de Pont-à-Mousson, demain 17 de ce mois, pour midi au plus tard, pour y recevoir les ordres ultérieurs du Citoyen Rasquinet et se rendre, sans délais, aux lieux où le général Kellermann jugera leur présence nécessaire. Arrête en conséquence :

1° Que provisoirement les hommes qui se destineront au départ, recevront un jour de la solde qui était accordée aux Gardes Nationales employées à la garde des Postes de Défense, laquelle solde leur tiendra lieu de l'étape pour Pont-à-Mousson, attendu que l'insuffisance du temps, l'incertitude du nombre d'hommes et l'embarras où serait l'entrepreneur des étapes et convois militaires de s'approvisionner avec assez de célérité, rendent impossible la fourniture de l'étape en nature et attendu qu'à l'arrivée des hommes à Pont-à-Mousson, le Citoyen Rasquinet sera chargé de pourvoir ultérieurement au paiement de la solde des jours suivants ;

2° Qu'à cet effet, les Directoires de Districts, sur l'état des hommes disposés à partir, décerneront mandement sur les receveurs de leur District et subsidiairement sur ceux de la

Régie Nationale des Domaines et Droits d'enregistrement, de la somme nécessaire au paiement de ce premier jour de solde ;

3° Qu'il sera expédié mandement sur le Citoyen Mesny, Payeur principal de la guerre, de la sommes de 12.000 livres, dont un tiers en numéraire, laquelle sera mise à la disposition du Citoyen Rasquinet, pour servir à la solde journalière des hommes qui marcheront sous ses ordres jusqu'à l'instant de leur réunion sous ceux du Général de l'armée du Centre ;

4° Qu'il sera fourni, à chacun des hommes destinés au départ, une certaine quantité de cartouches à balle pour leur défense jusqu'à Briey, lieu indiqué pour leur destination ;

5° Qu'il sera recommandé aux hommes destinés à partir, de s'habiller convenablement pour se mettre à l'abri de l'intempérie de la saison, et de se munir chacun d'un havre-sac, de deux chemises au moins, de guêtres et d'une seconde paire de souliers ;

6° Qu'il sera fait une lettre, par un messager extraordinaire, au Conseil du Département de la Moselle, pour l'informer des présentes dispositions et inviter les Citoyens Administrateurs de ce Département, à protéger, par tous les moyens qui sont en leur pouvoir, le passage des compagnies du Département de la Meurthe sur son territoire et de leur donner aide et assistance au besoin ;

7° Que le Conseil du District de Pont-à-Mousson sera chargé de requérir la Municipalité de la même ville, d'employer tous les moyens qui peuvent être à sa disposition, pour que les boutiques et étaux des boulangers et bouchers soient promptement fournis de pain et de viande en quantité suffisante pour mettre les Citoyens-soldats à portée de s'en approvisionner à leur arrivée dans cette ville ;

8° Que s'il se présente des hommes de bonne volonté de l'artillerie nationale de Nancy et Toul, pour se réunir à leurs concitoyens et se rendre à Pont-à-Mousson, il leur sera fourni, outre le nombre de cartouches, fixé précédemment pour chaque homme, une quantité suffisante de munitions d'artillerie pour le service de leurs pièces, en cas de besoin, dans le cours de leur route ;

9° Que les Directoires ou les Conseils de Districts de Nancy, Toul et Pont-à-Mousson sont autorisés à requérir le nombre nécessaire de chevaux et de voitures, pour le transport de l'artillerie et des équipages qui pourraient accompagner la marche des compagnies, sous la condition de la rétribution ordinaire à accorder aux voituriers et conducteurs ou fournisseurs de chevaux, comme pour les transports militaires. »

Conformément au paragraphe 6 de ces prescriptions, le Conseil de la Meurthe écrivit, le 16 octobre, au Conseil de la Moselle, une lettre dont nous avons retrouvé le brouillon :

Concitoyens et Frères,

Un fort détachement de Gardes Nationales et des 8e et 9e Bataillons des Volontaires de notre arrondissement, sous les ordres du Commandant général Rasquinet, d'après ceux du général Kellermann, doit partir de Pont-à-Mousson, demain 17 du présent mois, pour être rendu le 18 à Briey. Nous invoquons, pour ces estimables défenseurs de la République, votre bienveillance et les secours dont ils auraient besoin pendant leur route et le temps de leur séjour dans votre département.

Nous nous estimerons heureux, Concitoyens et Frères, de pouvoir rendre, par réciprocité, à ceux de vos administrés que les circonstances amèneront parmi nous, l'amitié et les soins que se doivent des concitoyens et les enfants d'une même Patrie.

Les Administrateurs et Procureur général Syndic du Département de la Meurthe.

Le Conseil prévient également les trois Districts intéressés. Voici, par exemple, la lettre adressée au District de Toul :

Nancy, le 16 octobre 1792,

l'an 1er de la République — 8 h. de relevée.

Frères et Concitoyens,

Le Conseil du Département, venant d'être touché d'une lettre du Citoyen Rasquinet, Commandant général des Postes de Défense, par laquelle il l'informe que le général Kellermann réclame son secours pour se rendre sur Briey, le 18 de ce mois, au plus tard, avec le nombre de Citoyens armés de ce Département, que leur bonne volonté déterminera à le suivre, nous nous sommes empressés de correspondre à la demande que le Citoyen Rasquinet nous a faite de faire intervenir notre invitation pour en rendre le succès plus certain. Nous vous invitons donc, Citoyens, de faire à l'instant, au nom de la République, l'invitation aux Citoyens du chef-lieu de votre District et des lieux les plus prochains, de se réunir, en armes et par compagnies de cent hommes, dans la ville de Pont-à-Mousson, demain 17 du courant, pour y recevoir les ordres ultérieurs du Citoyen Rasquinet et se rendre incontinent aux lieux où le général Kellermann jugera leur présence nécessaire. Nous ne connaissons pas encore l'objet de ces mesures, mais nous présumons qu'elles tendent à empêcher les incursions que l'ennemi serait tenté de faire sur notre territoire, au moment de sa retraite, puisque nous apprenons qu'il vient d'évacuer la ville de Verdun et que, dans peu, celle de Longwy le sera pareillement.

Nous joignons, à cette lettre, l'Arrêté que nous venons de prendre relativement au détail des mesures que vous aurez à suivre pour seconder la mission du Citoyen Rasquinet. Vous comprendrez qu'il n'y a pas de temps à perdre pour leur exécution ; nous vous prions d'y mettre la plus grande diligence et de veiller à ce que les citoyens qui se présenteront pour marcher, soient convenablement armés et surtout à ce qu'ils soient habillés de manière à se garantir du froid dans le cours de leur marche.

Pour les administrateurs composant le Conseil du Département de la Meurthe :

DAUPHIN, ANTHOINET, Secrétaire général.

Le District de Toul s'empresse, le 17 octobre d'envoyer la réquisition suivante :

« Le Directoire du District de Toul requiert la Municipalité de.............. au nom de la République, d'inviter, sur-le-champ, les Citoyens Gardes Nationales de leur Commune, de bonne volonté, à se réunir, sur-le-champ, à Toul, en armes et par compagnies de cent hommes, pour se rendre à Pont-à-Mousson, cejourd'huy, pour midi au plus tard, à l'effet de recevoir les ordres ultérieurs du Citoyen Rasquinet, Commandant des Postes de Défense du Département, et se rendre incontinent aux lieux où le général Kellermann jugera leur présence nécessaire. Les Gardes Nationales recevront un jour de solde, avant leur départ, et s'habilleront convenablement, pour se mettre à l'abri de l'intempérie de la saison, d'un havresac, de deux chemises, de guêtres et d'une seconde paire de souliers ; il leur sera délivré des cartouches des magasins de Toul. »

D'après le registre des Délibérations du Directoire du District de Toul, partent, pour se rendre à Briey, et touchent 20 sous par homme :

57 Gardes Nationaux de Toul, puis 2 retardataires ;
20 Gardes Nationaux d'Ecrouves et Grand-Ménil ;
90 Gardes Nationaux de Foug et de Lay ;
4 Gardes Nationaux de Chaudeney.

Dans les pièces justificatives des dépenses de l'Adjudant général Valory qui paye les détachements de Toul, nous voyons comment se décomposent ces effectifs :

« Détachement du canton de Foug, parti de Toul, le 17 octobre, à cinq heures du soir, pour faire route pour Pont-à-Mousson; arrivé le même jour avant minuit ; parti de Pont-à-Mousson le 18, à cinq heures du matin, pour aller à Metz ; a reçu, en conséquence de sa marche forcée, la solde de vingt sols par homme, le 17 octobre, à Pont-à-Mousson, dont quittance sur l'état de route du détachement, savoir :

1 Commandant de Bᵒⁿ ... 16 liv. y compris le fourrage.
1 Adjudant-Major ...... 10 —   id.
2 Capitaines .... 20 —   id.
2 Lieutenants .... 12 —   id.
2 Sous-lieutenants ..... 8 —   id.
7 Sergents .... 14 —
6 Caporaux .... 9 —
69 hommes............. 69 —
___   ___
90   158 liv.

(Il ne s'agit donc pas de 20 sous par homme, mais de 20 sous par solde, le caporal touchant 1 solde et demie, le sergent 2, etc.).

Le 18, ayant congédié 15 hommes, le détachement s'est trouvé réduit, à Briey, à 54 fusiliers qui ont reçu, ainsi que les officiers et sous-officiers, la solde des 19, 20, 21 et 22 octobre, sous une retenue de cinq sols par jour pour le pain et la viande qui ont été délivrés aux fusiliers et sous-officiers, dont quittance sur l'état de route du détachement.

(Suit un décompte analogue au précédent, mais la solde étant de 18ˢ 9ᵈ les calculs sont plus difficiles et deviennent inexacts ; nous ne croyons pas utile de les reproduire.)

Le détachement d'Ecrouves et Grand-Ménil comprend 1 Sous-Lieutenant, 1 Sergent, 17 Fusiliers, soit 19 hommes, un de moins qu'au départ.

Jusqu'alors nous sommes d'accord, mais le détachement de Toul, dans lequel se trouve fondu celui de Chaudeney, et comptant 63 hommes au départ, se trouve avoir un effectif de 93 hommes, à Briey, savoir :

Compagnie de Grenadiers Guillaume : 2 Capitaines, 1 Lieutenant, 3 Sergents, 3 Caporaux, 30 hommes.

Compagnie de Fusiliers Leclerc : 1 Capitaine, 1 Lieutenant, 1 Sous-Lieutenant, 4 Sergents, 4 Caporaux et 1 Tambour, 42 hommes, qui ont reçu la solde des 19, 20, 21, 22 octobre, à Briey, à raison de 18ˢ 9ᵈ, sous une retenue de 5 sols, par jour, pour le pain et la viande.

D'autre part, l'Adjudant général Fromental a payé un détachement de Toul, le 17 octobre, pour un jour, le 29 octobre, pour deux jours dont un avec étape et l'autre sans étape, et la composition de ce détachement était de 1 Capitaine, 1 Lieutenant, 2 Sous-lieutenants, 2 Sergents, 2 Caporaux, 65 hommes, soit 73 d'effectif, plus 1 Sergent, 2 Caporaux, 7 canonniers, soit 10 d'effectif.

Il devient difficile de comprendre.

Les décomptes, compliqués de retenues pour le pain et la viande, sont souvent inexacts et ne fournissent aucun éclaircissement. Cependant les paiements de Valory étant appuyés de pièces justificatives, nous prendrons ces chiffres et nous dirons que Toul a fourni un détachement de 93 hommes payé ; le 17, par Fromental ; le 18, à Metz, par l'étapier; les 19, 20, 21, 22, pendant le séjour à Briey, par Valory, le 23 par Fromental, le 24, par l'étapier de Metz, le 25 par Fromental.

Ainsi, le détachement de Toul aurait été payé pendant neuf jours, du 17 au 25, tandis que les détachements de

Foug et d'Ecrouves n'auraient été payés que pendant sept jours, du 17 au 23.

A Nancy, le mouvement sur Briey fut l'occasion de démêlés fort vifs entre le Conseil général de Nancy et le Conseil général de la Meurthe qui jusqu'alors s'étaient montrés très unis. Les dires des deux parties sont trop longuement exposés dans les registres des délibérations, pour que nous songions à les reproduire, mais un pareil débat ne peut être passé sous silence, en raison de son grand intérêt : il s'agit non seulement d'une véritable réquisition de Gardes Nationales, mais encore de l'application, peut-être unique, des prescriptions si peu pratiques de la Section IV de la Loi du 14 octobre 1791, sur l'ordre du Service. Tandis que le Conseil de la Meurthe, pour répondre à l'invitation de Kellermann, fait appel aux Citoyens de bonne volonté, le Conseil de Nancy veut faire marcher les Gardes Nationaux suivant « leur rang de pique. »

Voici les faits clairement exposés par Nancy :

Extrait des procès-verbaux du Conseil Général de la Commune de Nancy, du 26 octobre 1792, l'an premier de la République française.

Un membre chargé, par délibération du jour d'hier, du rapport à faire au Conseil général de diverses questions relatives au départ du détachement de la Garde Nationale parti le 17 de ce mois, a dit :

Le Conseil général de la Commune était assemblé, le 16 de ce mois, à cinq heures du soir, lorsqu'il est arrivé un exprès porteur d'une lettre du Commandant général Rasquinet, du même jour, à laquelle était jointe une lettre du général Kellermann, de la veille.

Voici ces lettres :

Lettre du Commandant général Rasquinet

Pont-à-Mousson, le 16 octobre 1792,
l'an premier de la République.

Citoyen Maire, j'ai l'honneur de vous adresser copie d'une lettre que je viens de recevoir du général Kellermann; j'es-

leur zèle et de leur bonne volonté à servir la République ;
j'espère que ces braves défenseurs voudront bien me seconder
engageant vos concitoyens à donner de nouvelles preuves de
père que vous voudrez bien m'aider à remplir ses vues en
dans mon amour pour elle et voler, avec moi, au poste qui
nous est marqué par le général commandant l'armée du Centre. Il n'y a pas de temps à perdre pour être rendu, le 18,
à Briey. Tâchez, vertueux Citoyen, de les faire partir de
Nancy le plus tôt possible ; ils trouveront, à leur arrivée ici,
tous les secours qu'il dépendra de moi de leur procurer.

Je suis, etc.

Signé : RASQUINET.

Lettre du général Kellermann

(Voir lettre envoyée de Verdun, le 15 octobre,
reproduite plus haut)

Le Maire a donné lecture de ces lettres au Conseil général de la Commune qui l'a autorisé à prendre toutes les
mesures nécessaires pour répondre au désir des Généraux.

Le Commandant de la Légion (Marin) a été appelé par
le Maire, il s'est transporté, à son invitation, au Conseil
Général du Département qui avait reçu de semblables lettres et qui a dit au Commandant : « Prenez vite des mesures, concertez-vous avec la Municipalité, *ce que vous ferez*
nous l'approuverons. »

Il a fallu calculer ce que pouvait fournir la Garde Nationale, ce qu'on pouvait en déplacer sans compromettre
l'ordre et la sûreté de la ville ; il a fallu calculer, par
approximation, le besoin que pouvaient avoir les Généraux : quatre cents hommes ont paru le nombre nécessaire.

Il était six heures du soir, la demande du Général portait qu'on se rendrait, à Pont-à-Mousson, le lendemain 17
pour midi et, le 18, à Briey, distant de 15 lieues. Le Commandant a assemblé les caporaux, il a donné ordre de
commander, par rang de pique, quatre cents hommes et
les officiers nécessaires pour marcher à leur tête. Le
Maire est allé au cercle, il a exhorté, en peu de mots, les
bons Citoyens à marcher, à se joindre à nos victorieuses

armées. Des cris de joie, des applaudissements se sont fait entendre. Chaque caporal a reporté l'ordre qu'il avait reçu.

Diverses réclamations se sont fait entendre dans la soirée ; le Maire atteste que, de concert avec le Commandant, il en a recueilli un très grand nombre, qu'il a ordonné que les pères de famille sans fortune seront remplacés par des célibataires jeunes. Il a écouté ces réclamations jusqu'à onze heures du soir ; le lendemain, à six heures du matin, il a suivi la même marche. Il avoue qu'il a fort mal reçu tous ceux qui, ayant le moyen de payer leur remplacement, faisaient entendre des murmures, et qu'il leur a fait des menaces sévères.

Il a fait délivrer au détachement des cartouches, des munitions d'artillerie, commandé les chariots et les chevaux. Tout était ordonné, tout était prévu pour huit heures du soir (le 16 octobre).

A onze heures et demie, Mallarmé, Procureur Syndic du District, s'est rendu à la Commune ; il a trouvé le Notable chargé de la police, à qui il a communiqué une lettre du Conseil Général du Département où se trouve cette phrase remarquable : « Comme le temps est très pressant et ne vous laissera pas le loisir de faire les expéditions nécessaires pour la Municipalité de Nancy, il est à propos que vous veuilliez bien y suppléer en lui envoyant, sur-le-champ, communication de notre lettre et de l'arrêté joint *pour autoriser les mesures qu'elle a prises à l'avance* ».

Le détachement est parti, le lendemain 17, le matin, et l'on a remarqué (ce qui arrive toujours en pareil cas) que les Citoyens peu aisés étaient sous les armes, tandis que ceux qui ont beaucoup à défendre restaient tranquillement chez eux. On a vu des hommes, pères d'une nombreuse famille que nourrit avec peine le produit incertain et faible d'un travail pénible, sacrifier encore leurs journées, tandis que des hommes riches, richement payés par la Nation, dédaignaient orgueilleusement de paraître sous les armes et de partager l'honneur de repousser l'ennemi.

Cependant, ces braves gens se plaignirent, ils témoignèrent leur indignation. Marin voulut faire battre la générale, assembler les bataillons et appeler à lui les hommes qui voudraient marcher. « Prenez garde, lui dit le Maire, car qui sauvera les lâches et les mal intentionnés de la juste colère des patriotes qui se dévouent depuis si longtemps ? »

Les hommes prêts à partir insistaient pour que le détachement commandé à 400 fût porté à ce nombre ; l'ordre a été donné d'avertir ceux qui avaient refusé, qu'il serait pourvu à leur remplacement à leurs frais ; le remplacement a été commandé ; il est parti peu d'heures ensuite.

On pouvait croire que tout était terminé, lorsqu'à 6 heures du soir, le 17, le Corps Municipal a reçu la lettre communiquée la veille, à onze heures et demie, au notable Richier, à laquelle était joint l'Arrêté du Directoire du Département, dont je vais vous lire quelques dispositions.

(Voir plus haut l'arrêté du 16 octobre 1792).

On pourrait faire sur cette pièce un grand nombre d'observations ; on pourrait demander à l'Administration où elle aurait trouvé d'autres munitions d'artillerie que celles qui appartiennent à la Commune de Nancy ; on pourrait lui dire qu'avant que son Arrêté existât, tous les ordres pour les voitures, les chevaux, étaient expédiés ; on pourrait surtout lui demander par quelle magie il eut été possible de réunir à 6 heures du soir, le 17, des hommes armés et habillés pour se rendre le même jour, 17, avant midi, à Pont-à-Mousson.

Cet arrêté parle bien d'hommes de bonne volonté et ne semble compter que sur des hommes de bonne volonté, mais après l'autorisation écrite dans la lettre du Conseil général du Département, le Corps Municipal devait croire qu'il ne restait plus aucune incertitude.

Il a reçu, le même jour, une pétition de Mansuy Michel, ancien greffier de la Commune, qui se prétendait exempt du service et du remplacement. Il est bon que vous connaissiez la réponse faite par le Corps Municipal à cette pétition ; la voici :

(Suivent de longues observations : Mansuy Michel a été

commandé à son rang de pique, rien ne peut le dispenser
de marcher ou de se faire remplacer..... mais le Département, par arrêté du 22 octobre, le dispense de tout service
extérieur personnel ou par remplacement.)

Devaux et Lallement, commis à l'Administration du
Département, se sont aussi prétendus exempts ; le corps
municipal leur a fait la réponse suivante : « Le corps
Municipal, en séance publique, considérant qu'aucune
Loi ne dispense du remplacement les fonctionnaires publics salariés ; que les Lois des 2 et 3 septembre décident
bien que les employés de bureau ne peuvent être contraints à marcher en personne, mais qu'elles ne dérogent
pas aux dispositions de l'article 13 de la Section 1re de la
Loi du 14 octobre 1791, et que c'est en vertu de cette Loi
que la Garde Nationale légalement requise doit se porter
partout où son service est nécessaire, conséquemment
qu'aucune autorité n'a le droit d'accorder des privilèges,
exemptions ou dispenses non établies par la Loi ; considérant que ceux qui tirent un salaire de la Nation sont
plus étroitement obligés de la servir et de soutenir un
gouvernement de qui ils tiennent leur existence, et qu'il
est temps que toutes les charges publiques ne portent pas
seulement sur ceux qui n'ont pour vivre que le produit
incertain et faible de leurs journées de travail ; considérant que ce n'est pas d'après l'Arrêté du Conseil Général
du Département, du 16 octobre, qu'ont été commandés les
pétitionnaires, puisque cet arrêté n'a été connu que le 17,
à 6 heures du soir, et que les ordres du Conseil Général
de la Commune étaient donnés et exécutés, le 16, à 8 heures du soir ; considérant que ce n'est pas en se reposant
sur la bonne volonté des Citoyens dont le zèle s'épuise sous
toutes les formes qu'on peut pourvoir à la défense de la
Patrie dans des circonstances urgentes et difficiles et qu'il
faut que chacun y concoure, puisque tous sont sous sa
protection ; que ce serait une criminelle condescendance,
de la part des Administrateurs, de se prêter à l'incivique
insouciance de ceux qui ne voient dans la Révolution que
les avantages qu'ils en retirent et ne veulent pas en supporter les charges ; que tout moyen doit être pris pour

contraindre les Citoyens négligents à remplir leurs devoirs et à soulager leurs frères ; ouï le Substitut du Procureur de la Commune ; déclare qu'il n'y a pas lieu a délibérer.... »

(Ainsi la Municipalité attaque l'Arrêté pris, le 22 septembre, par le Département, pour exempter les commis du service et du remplacement ; arrêté que nous avons reproduit plus haut (1).

Ensuite, la Municipalité reprochera au Département d'avoir, par son Arrêté du 16 octobre, jeté le trouble dans les esprits et encouragé les mauvais Citoyens à dire qu'ils étaient commandés de force par le Conseil Général de Nancy, alors qu'il s'agissait d'hommes de bonne volonté. Voilà le fond du débat que l'orateur abordera enfin).

«..... Souffrirez-vous que les lâches qui n'ont pas voulu partir, que ceux à qui leur fortune permet de payer, soient exempts de toute taxe ? Non ! vous ne pouvez le souffrir. Tous ceux qui réclament, s'appuient sur l'Arrêté de l'Administration qui ne parle que d'hommes de bonne volonté ;

1° Mais que peut faire cet Arrêté contre des mesures arrêtées par vous, sur l'autorisation verbale donnée à Marin et réitérée par écrit dans la lettre du 16. Quoi donc ? On vous dit « Faites et nous approuverons ». Vous agissez et l'on vous contrarie. Et quand ? Lorsque l'exécution des mesures prises par vous a eu un plein succès ;

2° Comment se fait-il donc qu'on parle toujours d'hommes de bonne volonté ? Comme s'il eût été possible d'en réunir aussi vite un nombre suffisant. Comme si, enfin, les hommes de bonne volonté ne s'épuisaient pas en sacrifices, tandis que les méchants se reposent et les insultent encore pour prix de leur zèle ;

3° L'Administration du Département ne sait-elle pas que, de la part des Autorités, une invitation est un ordre Ne vous l'a-t-on pas dit, à deux reprises, au Département : en premier lieu lorsqu'on délibérait sur les moyens de défense, et, dernièrement encore, dans la nuit du 24 au 25, lorsqu'on parlait de subsistances ? Par quel étrange boule-

---

(1) Chapitre VI, *Nouvelles des Armées*, p. 114.

versement se fait-il que l'invitation de la part de l'Administration ne soit plus un ordre quand la Muncipalité l'a exécuté ;

4° La Loi du 14 octobre 1791 prescrit un rang de pique ; il a été suivi, il a dû l'être ; si on s'en est écarté, c'est en faveur des pauvres, d'infirmes ou d'absents. Eh ! combien de pauvres n'ont rien dit ? combien de pauvres sont partis avec joie ? tandis..... il est difficile de retenir son indignation ;

5° Le Général, en parlant à la Commune prise collectivement, peut se servir du mot invitation ou de bonne volonté, mais la Commune a le droit d'exiger que quelques-uns marchent à la décharge de tous. Et que deviendrions-nous donc, s'il fallait, quand l'ennemi est là, calculer froidement les mots et attendre qu'il plût aux mauvais Citoyens de se mettre en marche ;

6° Les Sections, légalement assemblées, ont délibéré sur la conduite à tenir dans une circonstance du genre de celle-ci ; toutes se sont réunies à dire que, s'il fallait prendre des mesures contre l'ennemi, c'est aux magistrats à les prescrire, aux citoyens à les exécuter ; toutes ont manifesté la volonté de repousser une attaque ; et quelques lâches, quelques méchants résisteraient à cette volonté générale !

7° Quant aux exemptions, aux privilèges que réclament les Commis de l'Administration, l'Administration n'a pas le droit de les leur accorder. Espérons qu'ils ne les obtiendront pas.

On pourrait beaucoup développer ces observations, mais elles doivent suffire pour convaincre tout bon esprit, que nul Citoyen commandé à son rang de pique, ne peut se dispenser de marcher ou de se faire remplacer, et que nul sur la terre n'a le droit d'en dispenser. Aucune Loi ne déroge à celle du 14 Octobre 1791 ; c'est en vertu de celle-là que la Garde Nationale a été mise en mouvement...........»

(Nous terminerons ici la copie du procès-verbal de la séance du 26 Octobre, et l'exposé de la discussion. Nous savons maintenant dans quelles conditions les Gardes Nationales de Nancy sont parties, depuis le 17 Octobre ; il

est temps de relater ce qu'elles ont fait avec les autres
détachements qui ont participé au mouvement sur Briey)..

Le détachement des Gardes Nationales de Nancy est
sous les ordres du Citoyen Marin, Sous-Adjudant général
de la Légion de Nancy, qui commande cette Légion ; en
effet, le Chef de Légion, Humbert, et l'Adjudant général,
Friant, n'ont pas été remplacés, depuis leur départ,
comme Lieutenants-Colonels en premier et en second du
6ᵉ Bataillon de la Meurthe.

Les pièces justificatives des dépenses de Marin nous
permettent de dresser un tableau des situations journa-
lières du détachement des Gardes Nationales de Nancy.

EFFECTIFS DU DÉTACHEMENT DE NANCY

ETAT-MAJOR : 1 Commandant — 1 Adjudant-Major — 1 Aide de
camp — 1 Quartier-Maître — 1 Porte drapeau — 1 Fourrier
écrivain — 1 Tambour-major — 4 Tambours.

COMPAGNIES ; Grenadiers, Deloupy — 1ʳᵉ Geoffroi — 2ᵉ Barbier
— 3ᵉ Jacquin — 4ᵉ Pichon.

DATES	Capitaines	Lieutenants	S.-Lieutenants	Sergents	Caporaux	Soldats
17 Octobre.	5	5	»	10	20	329
18 —	5	6	»	12	23	395
19 —	5	6	»	12	23	395
20 —	6	6	»	12	23	395
21 —	5	6	1	12	24	384
22 —	5	6	3	12	24	383
23 —	5	6	4	12	24	388
24 —	5	6	4	12	24	407
25 —	5	6	4	12	24	392
26 —	5	6	4	12	24	392
27 —	5	6	4	12	24	392

Ce détachement a reçu, comme solde, la somme totale de
4903ˡ 12ˢ 2ᵈ.

Un détachement de Volontaires des 8ᵉ et 9ᵉ Bataillons de la Meurthe part, de Nancy, avec les Gardes Nationales. Le Département accorde à ces Volontaires Nationaux, pendant deux jours, un supplément de solde de 3 sous 9 deniers.

ARMÉE DU CENTRE

1ʳᵉ et 2ᵐᵉ Divisions
DU
Bataillon des Volontaires
DU
Département de la Meurthe

SUPPLÉMENT DE SOLDE

accordée par le Département de la Meurthe, à raison de 3ˢ 9ᵈ par solde et par jour.

GRADES	SOLDE PAR JOUR	JOURS	TOTAUX DES SOLDES	PAYÉ
1 Lieutenant-colonel . .	7	2	14	2ˡ 12ˢ 6ᵈ
1 Adjudant-major. . . .	5	2	10	1 17 6
1 Quartier-maître . .	4	2	8	1 10 »
1 Chirurgien-major . .	5	2	10	1 17 6
1 Adjudant sous-officier	2 1 2	2	5	» 18 9
1 Tambour-major	2	2	4	» 15 »
4 Capitaines	5	2	40	7 10 »
4 Lieutenants	4	2	32	6 » »
4 Sous-lieutenants. . .	3	2	24	4 10 »
13 Sergents.	2	2	52	9 15 »
16 Caporaux.	1 1 2	2	48	9 » »
5 Tambours	1 1 2	2	15	2 16 9
2 Charretiers	2	2	8	1 10 »
314 Volontaires	1	2	628	117 15 »
Totaux.			898	168 7 6

Le présent état de supplément de solde, montant à la somme de cent soixante-huit livres, sept sols, six deniers, pour les deux premiers jours de marche de Nancy à Metz, est certifié sincère et véritable, par le Commandant en chef du

10

8ᵉ bataillon de la Meurthe, commandant le détachement parti pour Briey.

> Fait au dit lieu, le 21 Octobre 1792.

PATISSIER.

Reçu la somme ci-dessus, le 1/3 en espèces et les 2/3 en assignats, le 22 Octobre 1792.

SALLE,
Quartier Maître Trésorier.

Le total des sommes payées aux Volontaires Nationaux s'élève à 168 livres, 7 sous, 6 deniers ; mais Fromental, qui a réglé, porte, sur son relevé de dépenses, 186 livres, 7 sous, 6 deniers. Cette erreur montre que l'on ne peut accepter, en toute confiance, les calculs des pièces de dépense. D'ailleurs Fromental a soin de certifier ses relevés « sauf erreur de calcul, omission ou double emploi ».

Bouxières (du district de Nancy) a fourni un détachement de : 1 Chef de Bataillon (La Croix), 1 Capitaine, 3 Lieutenants, 3 Sous-Lieutenants, 4 Sergents, 4 Caporaux, 45 hommes, qui ont reçu cinq jours de paye, dont deux jours sans étape et trois jours avec étape, soit 396 livres, 6 sous.

Thiaucourt (du district de Pont-à-Mousson) a fourni un détachement de : 1 Capitaine, 3 Lieutenants, 7 Sous-Lieutenants, 5 Sergents, 8 Caporaux, 91 fusiliers, qui ont reçu, dans les mêmes conditions que le détachement de Bouxières, la somme totale de 505 livres, 10 sous.

A l'infanterie, s'est jointe une patrouille de cavalerie comprenant : 1 Brigadier et 7 hommes, qui ont touché, pour 11 jours, à trois livres dix sous pour le brigadier, et trois livres pour chaque cavalier, la somme totale de 269 livres 10 sous.

Six de ces cavaliers réclameront le 8 novembre, et le Département leur donnera satisfaction le lendemain.

« Un Administrateur a exposé que le Citoyen Fromental, en conséquence d'une autorisation du Conseil du Département, avait enrôlé six Citoyens en qualité de chasseurs à cheval, et que ces chasseurs, d'après les ordres qui leur ont été donnés, sont partis pour Briey, le 17 Octobre, montés sur des chevaux de louage qui leur ont coûté 3 livres par jour, somme égale à la solde qu'ils ont reçue, de manière qu'ils ne se trouvent aucunement indemnisés de leur dépense personnelle.

La matière mise en délibération, le Conseil, considérant que si les chasseurs enrôlés par le Citoyen Fromental ne recevaient que 3 livres lorsque le loyer de leurs chevaux égale déjà cette somme, ils n'auraient aucune indemnité de leur peine et de la perte de leur temps, a délibéré, le Procureur Général Syndic ouï, qu'il sera compté vingt sols aux Citoyens pétitionnaires, pour chacun des jours qu'ils sont restés en campagne, indépendamment des 3 livres qu'ils ont reçues, ce qui fera, pour chacun des six, une somme de 11 livres, laquelle somme le Secrétaire Général a été autorisé à payer avec les fonds déposés entre ses mains. »

Enfin, avec les Gardes Nationaux et Volontaires Nationaux de la Meurthe, marche, sur Briey, un détachement de la 3ᵉ Compagnie franche (Compagnie Billard, levée à Nancy) comprenant 1 Lieutenant, 3 Sergents, 5 Caporaux, 41 chasseurs, qui reçoivent de Fromental, pour prêt du 20 au 25 Octobre, 172 livres, 7 sous, 6 deniers. De plus, le Lieutenant Midon, commandant le détachement, reçoit 50 livres pour acheter des souliers à ses soldats.

On trouve encore, sur le relevé de dépense de l'Adjudant général Valory, la somme de 2 livres pour nourriture de six prisonniers de la Compagnie franche. Cela prouverait que les chasseurs de la 3ᵉ Compagnie ont vu l'ennemi et se sont livrés à quelques escarmouches. Les autres troupes parties à Briey, n'ont pas eu cet avantage, ou du moins aucun document ne nous permet de le supposer. Tout ce qu'on peut dire — et toujours d'après les seules pièces de dépense — c'est que des Gardes Nationaux de Toul et de Nancy ont poussé une pointe, sur la route de Briey à Longuyon, jusqu'à Xivry-Circourt.

En résumé, ont marché sur Briey :

De Toul : 93 hommes et 8 à 10 Canonniers ; de Foug : 90 hommes ; d'Ecrouves : 19 hommes ; de Bouxières : 61 hommes ; de Thiaucourt : 115 hommes ; de Nancy envi-

ron 454 hommes et 7 ou 8 Canonniers ; — 8 cavaliers —
368 Volontaires des 8ᵉ et 9ᵉ Bataillons de la Meurthe —
50 Chasseurs de la 3ᵉ Compagnie franche.

Les détachements étant réunis à Briey, le Commandant
général Rasquinet envoya Fromental prendre les ordres
du général Kellermann. Fromental en rend compte au
Conseil général de la Meurthe :

> Briey, le 22 Octobre 1792,
> l'an 1ᵉʳ de la République.

Citoyens,

Envoyé par le Commandant général Rasquinet près du
Général Kellermann, il me charge de vous rendre compte de
ma mission.

Je suis parti hier, à six heures du matin, de Briey, croyant
trouver l'armée où elle était campée à Vaudoncourt, mais le
camp était levé et je ne l'ai trouvée qu'à Longuyon. Ma mission tendait à recevoir, du général Kellermann, des ordres
pour savoir là où devait se porter notre détachement. Au moment où je suis arrivé au quartier général, il y est entré le
fils du sieur Brunswick de Prusse qui apportait, au général
Kellermann, la capitulation de Longwy avec ses conditions.
Le général en a paru satisfait ; il me l'a donnée à lire, et j'ai
trouvé, effectivement, qu'elle était très avantageuse à la République française. Une des conditions que j'ai remarquée plus
particulièrement, est que les ennemis laisseraient dans cette
ville les armes, artillerie et munitions de guerre, qu'ils y
avaient trouvées en entrant. En conséquence, le général Kellermann m'a donné des ordres pour faire marcher les Citoyens
de Nancy, Pont-à-Mousson et Toul, composant notre détachement, sur Xivry et Circourt, près de Longwy, afin de repousser ou arrêter les fuyards des ennemis qui voudraient refluer
en France, et pour participer au plaisir que tout bon Citoyen
doit avoir de chasser ces coquins hors de la République. Nous
allons demain, le Général Rasquinet, le Commandant Marin
et moi, dîner par invitation chez le Général Kellermann, à
Longwy.

Au moment où le jeune Brunswick était chez le Général
Kellermann, ainsi que moi, il y est arrivé vingt-quatre hommes, tant Prussiens qu'Autrichiens, pour lui demander du
service ; le jeune Brunswick leur a seulement dit : « Condui-
sez-vous bien » en les regardant de travers ; il paraissait qu'il

en avait mal au cœur ; il a quitté le Général et, au même instant, ce dernier a fait partir deux compagnies de grenadiers
et quelque peu d'artillerie, pour prendre possession de
Longwy. J'ai remarqué aussi, sur ma route, une quantité
énorme d'hommes et de chevaux des ennemis morts. Voilà,
Citoyens, le détail de ce qui s'est passé et de ce que j'ai vu
dans ma mission. Je m'empresse de vous en faire part, puisque je vous apprends la prise de Longwy et la fuite de nos
ennemis. Il est probable que nous retournerons sous peu de
jours à Nancy.

J'ai l'honneur d'être avec respect, Messieurs, votre très
humble serviteur.

FROMENTAL,
Adjudant général.

Le lendemain, en effet, Kellermann invitait les Gardes
Nationales de la Meurthe à rentrer dans leurs foyers,
comme nous l'apprend la copie d'une lettre qu'il adres-
sait « aux braves Volontaires sous les ordres du général
Rasquinet ».

Du quartier général de Longwy, le 23 Octobre 1792 ,

l'an 1er de la République,

Votre Commandant général, Citoyens, m'a remis copie de
la séance extraordinaire du Conseil de votre Département, en
date du 16 courant, concernant l'empressement que vous avez
mis pour venir au secours de la Patrie ; je ne saurais, à cet
égard, vous témoigner toute la satisfaction qu'une démarche
aussi patriotique m'a causée. Vous pouvez être persuadés,
Citoyens, que je le ferai valoir, avec tout l'intérêt qui lui est
dû, auprès de la Convention Nationale et du Pouvoir exécutif
provisoire.

Comme bien convaincu, par la retraite à laquelle j'ai forcé
les ennemis, qu'il n'y a plus de risques à courir pour notre
Patrie, en conséquence je ne puis qu'inviter tous les braves
Citoyens, dont vous êtes du nombre, à retourner dans leurs
foyers, bien persuadé que vous montrerez le même zèle, si la
République devenait (sic) en péril, à venir à son secours ; au
moins j'établis (sic) une pleine et entière confiance à vos sentiments patriotiques.

Signé : *Le Général d'armée du Centre*, KELLERMANN.

Il apparaît, d'après les pièces de dépense, que les détachements de Bouxières et de Thiaucourt sont rentrés les premiers, puis les détachements du district de Toul ; enfin, Rasquinet, répondant au maire de Nancy, le 26 octobre, annonce, de Pont-à-Mousson, le retour des Gardes Nationales de Nancy et des cavaliers, après onze jours d'absence.

Copie d'une lettre écrite par le Commandant général Rasquinet, datée de Pont-à-Mousson le 26 octobre 1792 l'an premier de la République.

Je suis on ne peut plus flatté, vertueux Citoyen, de la lettre obligeante que vous voulez bien m'adresser ; nos braves compagnons d'armes vont en être instruits et partageront, avec sensibilité, l'honneur que la Commune veut bien leur faire. Si nous n'emportons pas de lauriers, nous avons, du moins, eu la plus grande envie d'en cueillir.

En mon nom particulier, mon cher Maire, je puis vous faire, avec justice, le plus grand éloge des Citoyens de Nancy; ils se sont conduits avec toute la discipline que j'aurais pu exiger d'une troupe habituée au service.

Nous ne sommes arrivés ici qu'à trois heures, nous ne pouvons être rendus à Nancy que demain à une heure ; j'espère avoir le plaisir de vous voir un moment avant et j'aurai celui de vous accompagner pour aller à la rencontre de vos dignes Citoyens.

Adieu, mon cher Maire, je vous embrasse de tout mon cœur.

Signé : Rasquinet.

Nancy se prépare à fêter le retour de ses Gardes Nationales.

PROCLAMATION

du Conseil général de la Commune de Nancy

Séance du 26 Octobre 1792,
l'an 1er de la République Française.

La présence des armées étrangères ne souille plus le sol de la République, les soldats des despotes ont fui devant les soldats de la Liberté.

Nos braves compagnons d'armes, qui sont partis le 17 de ce mois, vont être de retour ; ils reviennent après avoir vu l'ennemi évacuer le territoire français ; ils reviennent en rapportant à leurs femmes, à leurs enfants, à leurs concitoyens, l'assurance qu'ils sont libres.

Que leur retour soit un jour de joie pour nous ; célébrons, à la fois, l'instant heureux où nous les reverrons et l'instant où l'indépendance de la Patrie est assurée.

Aux sentiments d'allégresse qui animent toute la République, il est permis, aux habitants de Nancy, de joindre la satisfaction particulière qu'éprouvent de bons Citoyens qui ont généreusement et glorieusement servi leur pays.

Amis, nous sommes libres, nous sommes Républicains ; ayons donc la grandeur d'âme, l'amour du travail qui distinguent les hommes libres des esclaves ; honorons nos lois par nos mœurs, et si nous voulons transmettre à nos enfants la liberté que nous avons conquise, gardons-la par les vertus qui seules peuvent en affermir la durée.

Le Conseil général de la Commune, ouï le Substitut, arrête qu'au moment où il apprendra le retour des Citoyens partis le 17, la Garde Nationale prendra les armes ; qu'un détachement, précédé de la musique, ira au devant des Citoyens jusqu'à l'entrée du faubourg ; que le Conseil Général de la Commune ira les recevoir à la porte de la Liberté (*porte Désilles*) et que là ils seront remerciés de leur zèle et de l'honneur qu'ils ont acquis à cette Commune ; que leur retour sera annoncé par le son des cloches et des décharges d'artillerie, et que l'hymne des Marseillais sera chanté sur la place du Peuple (*place Stanislas*) pour célébrer la victoire remportée par les armées françaises sur les armées ennemies.

Arrête, de plus, que la porte Notre-Dame portera le nom de porte de la République ; la place Carrière, place de la République et que les inscriptions y seront placées à l'instant.

Fait et exécuté les jour et an, avant dits, présents tous les membres composant le Conseil Général de la Commune de Nancy.

Le Commandant général Rasquinet fut, lui aussi, récompensé, un peu plus tard, le 5 décembre, par un témoignage de satisfaction dont les Archives Départementales ont conservé le brouillon.

« Le Conseil du Département de la Meurthe certifie qu'ayant arrêté l'établissement de plusieurs Postes de

Défense, dans différents points de son territoire, pour
s'opposer à l'invasion des ennemis qui s'étaient déjà rendus maîtres de quelques parties des départements de la
Meuse et de la Moselle, et en ayant confié le commandement aux chefs de légion des Districts de Nancy, Toul,
Pont-à-Mousson, Château-Salins, Lunéville et Vézelise,
pour le déléguer à l'un d'eux, de la manière qui leur
paraîtrait la plus convenable au succès de cette entreprise, le Citoyen Rasquinet, chef de la légion du district
de Pont-à-Mousson, auquel ce commandement a été déféré par ses collègues, a rempli sa mission avec tout le
zèle, l'activité, l'intelligence et le patriotisme d'un Citoyen
dévoué sincèrement au service de sa patrie, et pour lui
en témoigner, autant qu'il est en lui, sa satisfaction et sa
reconnaissance, le Conseil lui a fait délivrer les présentes,
en foi desquelles il a fait apposer le sceau ordinaire du
Département.

« Donné à Nancy, sous le seing du Président et le con-
tre-seing du Secrétaire Général du Département de la
Meurthe, le 5 Décembre 1792, l'an 1er de la République
Française. »

Ainsi les Administrateurs de la Meurthe fêtaient et félicitaient leurs concitoyens qui, pourtant, suivant l'expression de Rasquinet, ne rapportaient aucun laurier. Par
contre, ils accueillirent assez froidement le vainqueur de
Valmy, car, comme presque tous les Français de l'époque, ils ne prévoyaient pas l'influence décisive que cette
simple canonnade de Valmy allait avoir sur le sort de la
Patrie.

Cinq jours après avoir décerné à Rasquinet le certificat
précédent, le Conseil du Département reçoit Kellermann.

*Séance du Conseil du Département de la Meurthe
du 10 décembre 1792, l'an 2d de la République.*

Cette séance imprévue n'a été précédée d'aucune convocation. Le général Kellermann s'étant rendu à la salle
ordinaire d'assemblée, les Administrateurs qui, pour lors,

étaient dispersés dans les bureaux, sont venus le recevoir.

Le général a dit que, passant par Nancy, il avait cru de son devoir de présenter ses hommages et son respect aux autorités constituées. Le Président a répondu que le Conseil se félicitait d'avoir l'occasion de témoigner son estime et sa reconnaissance à un Citoyen dont le courage et les talents militaires ont tant contribué à sauver la République. Kellermann retiré, un administrateur a fait la motion d'envoyer une nombreuse députation chez le général. Le Procureur Général Syndic, prenant la parole, a dit : « que Kellermann n'était, dans le Département de la Meurthe, qu'un Citoyen sans mission et sans caractère, qu'il n'était pas de la dignité du premier Corps du Département de se transporter, même par députation, chez un particulier qui n'avait, par dessus les autres, que le bonheur d'avoir servi sa patrie dans un poste plus éclatant ; qu'honorer celui qui fait son devoir, c'est faire une satire piquante de son siècle ; que si Kellermann est le défenseur de la liberté, il l'est aussi de l'égalité, qu'à ce titre toute distinction doit lui déplaire. » Le Procureur Général Syndic a déclaré qu'il s'opposait formellement à toute délibération qui ordonnerait une députation à Kellermann.

La matière mise en délibération, le Conseil s'appuyant de ce qui s'est fait, précédemment, pour des Citoyens auxquels la France avait moins d'obligation qu'à Kellermann, considérant que c'est par les hommages qu'on rend à la vertu et au courage, qu'on porte les hommes au courage et à la vertu ; que si la liberté et l'égalité sont des biens précieux on doit quelque reconnaissance à celui qui expose sa vie pour en conserver la jouissance à ses concitoyens ; a délibéré que six de ses membres se rendront chez le général, pour le féliciter du bonheur qu'il a eu d'être utile à la République. Au surplus, le Conseil a donné acte au Procureur Général Syndic, de la déclaration qu'il a faite de ne point acquiescer à la délibération. »

X

RÈGLEMENT DES COMPTES

Délibérations du Conseil (L. 70). — Pièces de dépense (L. 411)

Les pièces de dépense devraient nous donner des renseignements précis et détaillés sur les effectifs et sur la durée des opérations. Malheureusement les relevés de compte sont souvent mal établis et ne sont pas toujours accompagnés de pièces justificatives claires et concordantes.

Le Conseil examine, une première fois, les comptes des Postes de Défense, dans sa séance du 9 novembre 1792. Le Conseil s'en rapporte à la vérification de son Secrétaire Général, pour les détails, et approuve, en bloc, les comptes de ses créanciers : les Commissaires-Ingénieurs qui ont conduit les travaux, le Commandant Général et les Adjudants généraux qui ont soldé les troupes, le Secrétaire Général qui a réglé et doit encore régler certaines dépenses. Toutefois, le Conseil décide qu'il sera accordé des soldes de Colonel et Lieutenants-Colonels, au Commandant général et aux Adjudants généraux plutôt que de leur rembourser toutes leurs dépenses personnelles. En conséquence, certains comptes seront à rectifier ; d'autre part, il y aura certains virements de comptabilité, de sorte que si plusieurs créances sont acceptées sans observations, d'autres se solderont par un trop perçu ou un reste dû.

Le 20 novembre, le Doit du Conseil de la Meurthe pouvait être arrêté comme nous le ferons pour éviter des complications inutiles :

Au Citoyen Valory (état n° 1)............. 3.354 liv. 8ˢ
Au Citoyen Le Creulx (état n° 2)......... 3.224 liv. 8ˢ 10ᵈ
Au Citoyen Saunier (état n° 3)........... 2.446 liv. » 6ᵈ
Au Citoyen Humbert (état n° 4)........... 6.035 liv. 13ˢ 6ᵈ
Au Citoyen Fromental (état n° 5)......... 3.439 liv. 17ˢ
    Id.   (état n° 6)......... 4.847 liv. 14ˢ
Au Citoyen Marin (état n° 7)............. 4.979 liv. 18ˢ 2ᵈ
Au Citoyen Rasquinet (état n° 8).......... 1.586 liv. 9ˢ
Au Secrétaire Général, payé............. 1.105 liv 14ˢ
    Id.   à payer .... 1.814 liv. 8ˢ 6ᵈ

        Total général............ 32.834 liv. 11ˢ 6ᵈ

« Ainsi donc, Administrateurs, dit le Rapporteur, le service des Postes que vous avez fait mettre en état de défense, en conséquence de l'autorisation, de l'invitation pressante, que vous en avez reçue du Ministre Roland, ne se porte qu'à 32.834 liv. 11ˢ 6ᵈ, y compris plus de 12.000 liv. pour solde de nombreux détachements qui, en conséquence de la lettre du général Kellermann, se sont rendus à Briey, pour aider à contenir les ennemis que l'on chassait du territoire de la République.

Cette dépense est forte, sans doute, mais elle n'est pas comparable, elle est bien inférieure aux pertes et dommages qui auraient pu avoir lieu si on ne l'eût pas faite. On ne peut pas dire qu'elle ait été inutile : quoique les détachements ennemis aient rôdés fort près de nous, ils n'ont osé mettre le pied sur le territoire du Département de la Meurthe, nos Communes n'ont pas été pillées comme celles de Saint-Mihiel et des environs, les subsistances, les caisses publiques n'ont pas été enlevées. Il est permis de croire que les mesures que vous avez prises, les obstacles que vous avez semés sur la route des ennemis et la certitude de trouver des Citoyens bien retranchés et prêts à combattre, et derrière ceux-ci d'autres n'attendant qu'un signal, ont détourné de nos cantons les troupes légères qui ont commis des brigandages dans le Département de la Meuse. Votre Plan de Défense a servi, aussi, à calmer les esprits, à occuper des bras, à endurcir des Citoyens à la fatigue des camps et à préparer ainsi de nouveaux défenseurs à la Patrie. Enfin, d'après les dangers qui nous environnaient, les atrocités commises à vos portes, et d'après la lettre du Ministre Roland qui vous pressait de ne rien ménager pour repousser l'ennemi de vos foyers, qui vous donnait toute autorisation pour l'exécution des mesures qui pouvaient empêcher son approche, il ne vous était pas permis de ne pas préparer tous les moyens de résistance qui dépendaient de vous, et vous vous seriez exposés aux plus vifs comme aux plus justes reproches de la part de la Convention Nationale et du Pouvoir exécutif, de la part de vos administrés et de toute la France, si l'ennemi, faute de rencontrer des obstacles sur son passage, eût étendu ses conquêtes de votre côté, ravageant les propriétés et maltraitant les personnes. De longs et inutiles regrets auraient tourmenté votre esprit, et l'idée déchirante, qu'avec un peu de prévoyance et quelque précaution vous eussiez épargné des malheurs à vos concitoyens, vous poursuivrait jusqu'à la fin de votre vie.

Aujourd'hui, il s'agit de faire acquitter la dépense que vous avez faite. Elle ne peut être à la charge du Département. C'est dans l'intérêt général que vous avez travaillé, c'est d'après l'invitation et l'autorisation du Ministre de l'Intérieur, c'est votre position géographique, c'est celle des ennemis, qui a nécessité vos mesures, c'est pour garantir les caisses nationales, c'est pour empêcher l'invasion de la République que vous avez élevé des fortifications et mis une force sur pied, c'est la guerre entreprise pour la Nation et par elle, qui occasionne ces frais. Il n'est donc pas douteux que c'est au Trésor public à les acquitter et j'estime que...... »

On ne saurait mieux justifier l'intérêt que nous attachons à cette étude de la Défense de Nancy.

Les relevés de compte présentent des détails intéressants. Nous diviserons les dépenses en quatre chapitres : Travaux de défense, Gardes des postes, Mouvement sur Briey, Divers.

I. — TRAVAUX DE DÉFENSE

De l'état n° 1 (Valory) travaux de Foug..	1.593 liv.		
Total de l'état n° 2 (Le Creulx) travaux des Fonds-de-Toul et de Frouard............	3.224 liv.	8ˢ	10ᵈ
Total de l'état n° 3 (Saunier) travaux des postes du Rupt-de-Mad, y compris 501 l. 15ˢ 6ᵈ, dépenses de voyages de Saunier..	2.446 liv.	»	6ᵈ
TOTAL....	7.263 liv.	9ˢ	4ᵈ

II. — GARDES DES POSTES

De l'état n° 1 (Valory) Postes de Foug (solde, couchage, éclairage, chauffage)..	1.281 liv.	8ˢ	»
De l'état n° 4 (Humbert), Postes du Rupt de Mad (solde, couchage, éclairage, chauffage)	5.495 liv.	13ˢ	6ᵈ
De l'état n° 5 (Fromental), Postes des Fonds-de-Toul (solde seulement)........	1.180 liv.	14ˢ	3ᵈ
De l'état n° 6 (Fromental), Postes de Frouard (solde seulement)..............	683 liv.	6ˢ	5ᵈ
TOTAL....	8.641 liv.	2ˢ	»

III. — MOUVEMENT SUR BRIEY.

Total de l'état n° 5 (Fromental)............	3.439 liv.	17ˢ	»
Total de l'état n° 7 (Marin)..............	4.979 liv.	18ˢ	2ᵈ
TOTAL....	8.419 liv.	15ˢ	2ᵈ

IV. — DIVERS.

De l'état n° 1 (Valory).....................	480 liv.	»	»
De l'état n° 4 (Humbert)................. ..	540 liv.	»	»
De l'état n° 3 (Fromental)...............	2.983 liv.	13ˢ	6ᵈ
Total de l'état n° 8 (Rasquinet)........ ...	1.586 liv.	9ˢ	»
Total des dépenses du Secrétaire Général, payé	1.105 liv.	14ˢ	»
Total des dépenses du Secrétaire Général, à payer...................	1.814 liv.	8ˢ	6ᵈ
TOTAL....	8.510 liv.	5ˢ	»
Total général des quatre chapitres....	32.834 liv.	11ˢ	6ᵈ

I. — *Travaux de défense*. — Nous avons déjà indiqué le coût de chaque ouvrage.

II. — *Gardes des postes*. — Nous avons dit comment les gardes étaient payées, Nous comprenons dans les totaux de ce chapitre les dépenses des renforts envoyés aux postes, lors de l'alerte des 4 et 5 octobre. Voici quelques détails :

ÉTAT n° 1 (Valory-*Postes de Foug*) au 4 Octobre.

322 hommes campés à Savonnières........	322 liv.	»	»
23 canonniers (à 24 sous par jour)...	27 liv.	12ˢ	»
Transport de 4 pièces de canon..... ...	30 liv.	»	»
2 cavaliers à la découverte jusqu'à Vaucouleurs	8 liv.	»	»
Rôdeurs dans les bois....................	7 liv.	»	»
2 hommes à la découverte jusqu'à Void, en poste	6 liv.	»	»
A un aide de camp.....................	3 liv.	»	»
A des piétons...........................	6 liv.	»	»

Ces comptes, sans retenues, sont faciles à vérifier ; les suivants, de Fromental, le sont beaucoup moins :

ÉTAT n° 6 (Fromental. *Postes du district de Nancy*), au 4 Octobre.

Renforts de la garde des Ponts-de-Toul :

63 hommes, 4 sergents, 8 caporaux, 1 tambour, 1 capitaine, 1 lieutenant, 1 sous-lieutenant	253 liv.	17ˢ	9ᵈ
Aux canonniers : 10 hommes, 1 lieutenant, 1 sergent, 1 caporal...................	68 liv.	8ˢ	»
Aux Volontaires du poste de Frouard....	92 liv.	15ˢ	»
Aux Volontaires de Marbache...........	42 liv.	1ˢ	6ᵈ
Aux canonniers du poste de Frouard......	68 liv.	8ˢ	»

Dans le total des Postes du Rupt-de-Mad, État n° 4 (Humbert) est comprise cette dépense déjà signalée :

Fourniture de bois faite aux Gardes Nationaux, au nombre de 3.000, qui sont allés à Thiaucourt, le 9 Octobre, lorsqu'il y a eu une alerte.................... .. .	1.452 liv.	»	»

III. — *Mouvement sur Briey*. — Nous avons donné les détails. Les comptes de l'état 5, tenus par Fromental, manquent de clarté, et l'absence de pièces justificatives ne nous permet pas de vérifier. Le total de l'état n° 7 (Marin) se décompose :

Solde du détachement pendant onze jours.	4.903 liv.	12ˢ	2ᵈ
Au Citoyen Charpentier, commandant des canonniers	72 liv.	»	»
Au charron, pour piquets de tentes et maillets	4 liv.	»	»

IV. — Enfin notre chapitre Divers comprend, tout d'abord, la solde de l'Etat-Major.

Valory, du 14 Septembre au 16 Octobre exclus, a touché trente-deux jours à 15 livres, soit	480 liv.	»	»
Humbert, du 14 Septembre au 20 Octobre, a touché trente-six jours à 15 livres, soit	540 liv.	»	»
Fromental, du 14 Septembre au 28 Octobre, a touché quarante-quatre jours à 15 livres, soit............................	660 liv.	»	»
Rasquinet, du 12 Septembre, au 30 Octobre, a touché quarante-huit jours à 22 livres 4 sous 6 deniers, solde d'un colonel d'infanterie sur pied de guerre, soit...	1.066 liv.	16ˢ	»

Le montant de l'état n° 6 est assez élevé parce qu'il comprend, pour les Postes des Fonds-de-Toul et de Frouard les frais des Gardes que nous avons compris, pour les autres postes, dans notre chapitre II.

On remarque, dans cet état n° 6 (Fromental) :

Cordes de bois pour les Fonds-de-Toul et Frouard	633 liv.	10ˢ	»
Aux voituriers qui ont conduit la paille, les tentes et les marmites..............	48 liv.	»	»
Papier pour cartouches...................	57 liv.	12ˢ	»
Affiches pour recruter la cavalerie........	60 liv.	»	»
200 livres de balles à cartouches, à 10 sous la livre	1.000 liv.	»	»

Dans l'état n° 8 (Rasquinet):

A Saunier, envoyé en courrier au général Kellermann	165 liv.	5ˢ »
A d'autres courriers....................	73 liv.	» »
Appointements d'un Secrétaire..........	251 liv.	8ˢ »
Frais de bureau........................	30 liv.	» »

Dans les dépenses payées de Secrétaire Général :

A Valory, pour déboursés dans la visite des Districts de Toul et de Pont-à-Mousson (11 Septembre).....................	37 liv.	15ˢ »
Détachements à Frouard, Marbache, Ponts-de-Toul (quelques hommes les, 20 et 22 octobre)	50 liv.	» »
Au Citoyen Collière, pour ramener les effets de campement..................	100 liv.	12ˢ »

Enfin, parmi les dépenses à payer :

Façon et menues fournitures pour 40.000 cartouches	116 liv.	14ˢ »

Ces dernières dépenses n'atteindront pas le chiffre prévu et ne se monteront qu'à 1.128 liv. 18ˢ, d'où économie de 685 liv. 10ˢ 6ᵈ.

Cependant, Rasquinet réclame pour lui et ses Adjudants généraux. « Il rappelle, dans sa pétition, que le Conseil avait réglé que, pour indemnité de ses frais personnels, il lui serait accordé le même traitement qu'à un Colonel d'infanterie en temps de guerre, et, à ses Adjudants généraux, le traitement de Lieutenant-Colonel de première classe, également sur le pied de guerre, mais que, dans le calcul qui a été fait de ce traitement, on n'a fait entrer en compte ni les rations de pain et fourrage, qui auraient dû leur être données, ni la gratification accordée par la Loi du 29 février 1792, aux officiers, au moment de la guerre. »

Dans sa séance du 11 décembre 1792, « le Conseil s'étant fait représenter ses procès-verbaux relatifs aux dépenses des Postes Défensifs de la Meurthe, reconnaissant que c'est par oubli que l'on n'a rien compris dans l'indemnité allouée aux officiers réclamant pour les rations et gratifications auxquelles ils avaient droit, d'après leur grade ; le Procureur Général Syndic ouï ; a arrêté que cette omission serait réparée et qu'il serait compté au Citoyen Rasquinet, Commandant général, à raison de 48 jours de service, un supplément de 287 liv. 12ˢ; au Citoyen Fromental un supplément de 194 liv. 19ˢ 4ᵈ, pour 44 jours; au Citoyen Humbert, pour 36 jours,, 159 liv. 12ˢ; enfin au Citoyen Valory, pour 32 jours, 141 liv. 17ˢ 4ᵈ; ce qui fait un total de 784 liv. 8ᵈ, à ajouter aux dépenses arrêtées par le Conseil, dans sa séance du 20 novembre. »

Ainsi, d'une part, augmentation de dépense de 784 liv. 8ᵈ, mais d'autre part économie de 685 liv. 10ˢ 6ᵈ (Secrétaire général) soit augmentation définitive de 98 liv. 10ˢ 2ᵈ qui seront ajoutés au premier arrêté de 32.834 liv. 11ˢ 6ᵈ pour donner 32.933 liv. 1ˢ 8ᵈ.

C'est à ce dernier chiffre de 32.933 liv. 1ˢ 8ᵈ, que le Conseil Général de la Meurthe arrête finalement, dans sa séance du 14 février 1793, les frais de la Défense.

Il reste en litige un trop perçu, par Fromental, de 939 liv. 16ˢ 8ᵈ. Fromental, ex-capitaine de grenadiers au 10ᵉ Bataillon de la Meurthe, exagère ses dépenses personnelles : par exemple, il prétend avoir usé trois chevaux pendant son service d'Adjudant général, et compte 450 livres qu'il avait touchées comme gratification d'entrée en campagne, mais qu'il a dû reverser à son successeur, par ordre du général Favart, lorsqu'il a quitté le Bataillon de Volontaires. Aussi, tandis que la solde accordée par le Département, donne à ses collègues plus qu'ils ne demandent dans leurs relevés de dépense, Fromental se trouve lésé et réclame instamment. Ses réclamations sont toujours repoussées, mais Fromental se garde de rembourser, de sorte que le Conseil de la Meurthe en est réduit à soumettre la question au Ministre de la Guerre.

CONCLUSION

Fidèle à la règle que nous nous sommes imposée, de réduire nos commentaires et nos appréciations, nous terminerons par une brève conclusion.

Des documents exposés il ressort principalement qu'une opération militaire telle que la Défense de Nancy, a été dirigée et exécutée par des civils. Ce ne sont pas les Généraux qui ont organisé la Défense, mais les Administrateurs ; ce ne sont pas les Troupes de ligne qui ont assuré la Défense, mais les Gardes Nationales.

Cette œuvre accomplie, en 1792, par des Citoyens soldats, mérite l'attention de tous ceux qui discutent, aujourd'hui, la question si grave du rétablissement des milices.

Nancy, le 31 Décembre 1909.

TABLE DES MATIÈRES

www.ingramcontent.com/pod-product-compliance
Lightning Source LLC
Chambersburg PA
CBHW060430090426
42733CB00011B/2218